私たちの教育紀行

稲葉喜徳

花伝社

私たちの教育紀行◆目次

目　次

はじめに

二〇一〇年三月で、埼玉大学を辞め自由の身になった。

ふりかえると、一九七〇（昭和四五）年から埼玉県庁につとめはじめて以来、県行政一筋の道であった。財政、職員研修、秘書業務、人事、企画などいろいろな経験を経てきたが、二〇〇一年四月から県教育委員会で教育行政を担当することができたのは望外のことであった。教育について関心をもっていたものの、それまで直接かかわる機会がなかっただけに、県職員として最後に教育とめぐりあえたことはうれしかった。

とはいえ、そのころの教育は逆風のさなかにあった。マスコミは教育を標的としてコトあるごとに非難・誹謗をくりかえしていた。県議会でも教育についての質問は他部局よりはるかに多く、追及の矢おもてにたつことが常態化していた。そうした厳しい状況にはあったが、それでも教育行政にたずさわることができたのはしあわせであると感じていた。さまざまな行政分野のなかで、教育はこれからの社会の形成に深く関与するいちばん大切な仕事であると確信していたからである。

県教育委員会では、多くの教職員の方々と知り合うことができ、教育に関してたくさんの議論をさせていただいた。またできるだけ現場の学校を訪問するようにつとめ、それらをもとに同僚の仲間とともによりよい政策形成とその展開を心掛けた。

そうした教育委員会の仕事で思い知ったことは、一にも二にも「教育は人なり」であり、子どものまえにたつ教師のあり方こそが決定的に重要であるということである。それだけに、現職の教師を対象とする「教職研修」は教育行政の重点施策でなければならないが、それ以上に「教員養成」の任にあたる大学の教職課程の重要性を痛感し、埼玉大学など教員養成課程をおく県内の大学との連携強化をお願いすることになった。

私が二〇〇六年四月に県教育委員会から埼玉大学へ異動したのはちょうどそのようなときで、当時の教育学部の学部長でいらした渋谷治美先生（現・副学長）や副学部長の山口和孝先生（現・学部長）をはじめ多くの先生方にこころよくお付合いをいただいた。大学では定年までの四年間、教育学部の学生を対象とする「教育学概説」や全学部の学生を対象とする「社会と教育」の講義などを担当させてもらい、貴重な経験をもつことができた。

本書の内容は、大半が講義録をもとに書きおこしたものであり、また教員研修会での講演録や新聞・雑誌に寄稿したものを再編・加筆するなどして収録したものである。このようにまとめることをすすめてくださったのは渋谷治美先生である。渋谷先生はわが国を代表するカント哲学者であり、そのお言葉にあらがうことは畏れおおいことと観念し、昨年の酷暑の夏をやりすごしてからまとめの作業をはじめ、ここにようやく形をなすことができた。

これからの私たちの社会は、なによりも次世代への教育を大切にすべきであるとの思いでまとめたが、その方向がすこしでも支持され広がることを願っている。

I　教育という営み

第1章　「旅立ちの日に」と秩父探訪

1　はつらつ先生

「はつらつ先生」という制度が、埼玉県教育委員会にある。二〇〇三年度から実施されているもので、県内ですぐれた教育実践をしている教師、意欲と情熱をもって教育活動に取り組んでいる教師を表彰する制度である。

現在はすこしおさまっているようだが、数年前まで教育現場に対するバッシングには異常なものがあった。一部のマスコミに扇動されながら、ことあるごとに学校や教師はもちろんのこと、場合によっては子どもについても声高に非難する風潮があふれていた。学校や教師の側に非がないわけではなく、批判されるべき不祥事があったことも事実であるが、それにしても教育現場への糾弾の度合いは尋常ではなかった。

大学の教育学部の学生たちも、教育現場がどうなっているのかつよい関心を示していた。バッシングされるばかりの現状は、教職を志す彼らにとって切実な問題であったのだ。そこで、講義ではできるだけ教師や学校の現況を伝えることにしていたが、なかでも「はつらつ先生」は欠かすことのできない貴重な教材であった。

埼玉県立総合教育センターでは、『埼玉教育』という月刊誌を発行している。学校経営や授業改善などの実践的な記事を掲載しており、「はつらつ先生」についてもこれまでいくどか特集を組んできた。どのような教師が「はつらつ先生」とされているか、『埼玉教育』の特集を参考に三人の方を紹介してみよう。所属の学校や職などは当時のものである。

「漢字博士になろう」

「珈琲」はコーヒーであり、「頁」をページと読むことは容易である。しかし「乾酪」、「牛酪」はどうであろう。これをチーズ、バターと読める人はぐっと少ないのではないか。「風琴」はオルガンであり「手巾」はハンカチであるとわかる人はまれかもしれない。

三郷市立栄中学校の檜垣幸久教諭は、同僚の教師と「漢字ワークシート」を作成し、「漢字検定」などにも参加している。「珈琲」や「手巾」は、ワークシートの一部である「外来語・当て字」のなかにある。

栄中学は、漢字学習をとおして特色ある学校づくりを実践しており、テーマは「ともに学び学ぶ楽しさを発見する学舎――漢字博士になろう――」である。その目標は、

①　友だちや先生と、家庭で、地域とともに、漢字学習をとおして学ぶたのしさを実感すること
②　地域とともに、教育環境を向上させる

ことにある。いいかえれば、「教師を活性化すること」「生徒を活性化すること」さらに「地域を活性化すること」であり、地域ぐるみで「元気になること」がキーワードなのだ。

三郷市は一九七二年に市制が施行されたいわゆる「新市」である。一九五六年に東和村、彦成村、早稲田村の三か村が合併して三郷村となり、一九六四年の町制施行を経て市となった、いわば典型的な人口急増の自治体である。それだけに地域の一体感としての「地域性」が問われることになる。栄中学も、人口急増期の一九七四年の創立であり、最初のころはプレハブ校舎であったという。漢字学習が「地域の活性化」をねらいのひとつとしているのは、こうしたことが背景にある。

学年ごとに作成される「漢字ワークシート」には、「私たちが住んでいる『三郷市』はどんな漢字が使われていますか」といった問いもある。三郷の「三」は合併した三村をあらわしており、「郷」はかつてこの地が「二郷半領」と呼ばれたことに由来することを学ぶのである。

最初のころは、「漢字検定」に参加するのは三〇〜四〇名の生徒と若干の保護者であったが、最近は近隣の小学校や地域の人たちも加わり、九〇名以上参加するようになったという。

檜垣教諭や同僚のみなさんは次のように語っている。

①　ワークシートづくりはたのしい。仲間が集まれば、ワクワクするようなアイデアが湧いてくる。いい仕事は、仲間がいるからこそできるのだ。

②　教職に就いたときよりも現在のほうが、授業改善をはかろうという気持ちがつよい。すべての教育活動の原点は授業にあることを、再認識している。

③　学校は地域とともにある。これからは「漢字検定」だけでなく、講演会や発表会を企画して、学校を地域の「学習情報センター」にしていきたいと考えている。

「算数ってたのしいよ」

台北の日本人学校からもどってきた小松薫樹教諭は、草加市立花栗小学校六年生の担任になった。初めて教職についたときにも草加市内の学校に勤務した小松教諭は、台北での経験をもとに、あらためて「子どもたちに算数の魅力を伝えたい」と考えた。

最初に気づいたことは、算数の教科では児童のあいだにかなりの学力差が見られることだった。もともと系統性の高い教科であるため、基礎基本をしっかり積み上げていかないと、その先の理解が困難になる。とくに六年生は、計算領域で習熟の程度に著しい差があり、一斉学習でおこなっていくのが困難なほどであった。さいわい花栗小は、週に三回、算数の時間にT・T（ティーム・ティーチング）を導入していた。そこでT・Tによる習熟度別学習を積極的におこなうことにした。

小松教諭は、算数が得意なグループを担当することが多かった。心がけたのは、学習課題を工夫するということである。たとえば「比」の学習をするときは、一メートルのものさしと校舎の影を使って校舎の高さをもとめたり、「円周の長さ」のときは、校庭に百メートルの円周トラックを描いてみたり、「立体の展開図」の学習ではサッカーボールを使うなど工夫をした。

基礎的・基本的な内容を繰り返して学ぶグループを花組、発展的な内容にも取り組むグループを栗組と名づけたが、どちらのグループの児童も習熟度別学習を好意的に受けとめてくれ、アンケートでは「自分のペースで学習ができる」、「質問しやすい」、「高度な勉強ができてたのしい」といった声が聞かれた。子どもはみな、「わかりたい」という気持ちをつよくもっているのだと痛感したという。

花栗小は小規模校で、児童数は三〇〇名余、教員は一七名。アットホームな雰囲気があり、授業研究会では自由に感じたことをいうことができる。研究授業でも力を合わせて遅くまで教材を準備する。休日でもよい考えが浮かべばファックスやメールで情報交換する。小松教諭たちの努力によって、花栗小の児童は算数にたのしさを感じはじめている。

小松教諭は、台北の日本人学校勤務時代に現地のアメリカンスクールやヨーロピアンスクール、あるいは台湾国民学校の授業を参観してきた。どの学校でも、子どもたちは意欲的に学習しており、日本の児童と比較して最大の相違点は「意欲」にあると思った。どうすれば子どもたちの学習意欲を喚起することができるか、それがこれからの課題だという。

複雑な計算が、計算の「きまり」を用いることで簡単に答えを求めることができたときのうれしさ、学習したことが生活のなかで役にたったときの喜び、それは、子どもにとっていわば宝物を見つけたような感動の瞬間である。それこそが算数の醍醐味であり、どの子にも、算数の醍醐味を味わわせていきたいと小松教諭は語っている。

「子どもたちが笑顔をとりもどして帰るように」

川越市立中央小学校の吉武眞佐子教諭の保健室には、朝から子どもが来室する。子どもだけでなく保護者たちもやってくる。吉武教諭は養護の先生である。吉武教諭にたずねてみた。

——最近の子どものこころやからだに、何か特徴的なことはあるでしょうか。

身体面では、体格も栄養状態もよく健康的です。しかしアレルギー性疾患の児童や視力低下をおこしている児童、ストレスをかかえている児童が多くなっているように思われます。精神面では、自分のからだの状態をはっきり話すことができない、友だちとのコミュニケーションがうまくとれなくてトラブルをおこしてしまう、いやなことがあると乗りこえようとするまえにダメージを受けてしまう、痛みや辛さによわくすぐに人やクスリにたよる、よい子としてがんばりすぎて息切れしている、そんな子が以前にくらべて多くなっています。

では、児童の心身の健康課題に対してどのような取組みをしているか、吉武教諭は六段階のポイントをあげる。

①　まず受けいれる――「おなかが痛い」「だるい」「用はないけど来ちゃった」など、さまざまな理由で子どもたちは保健室へ来るが、その理由がなんであれ、子どもの話をしっかり聴いてあげ、ありのまま受けいれてやる。
②　見極める――子どもから話を聴きながら、あるいは応急処置をしながら、子どものこころやからだがどのような状態か注意ぶかく見極める。
③　つなげる――その子の課題解決のために、だれ（どこ）と連携して対応したらよいか考え、必要があれば校内だけでなく専門機関とも連絡をとりあう。
④　守る――児童のプライバシーを最大限守ってあげる。
⑤　記録をとる――怪我の手当て、急な傷病の処置はもちろん、児童や担任や保護者からの相談内容とその対応など、その後の支援にいかすため記録する。
⑥　見守る――その子の様子を見つづけ、子ども自身が努力している姿を見守り、ほめたり励ましたりする。

吉武教諭は、教師を志す学生にもアドバイスをしている。

先生がはつらつとしていると、子どもたちもいっしょにはつらつとなります。だから先生は健康でなければなりません。そしてゆたかな感性をもってほしい。子どもの変化を感じることのできる感性、つまり変化を敏感に察知する力がとても大切です。

二〇〇三年から二〇一〇年までに「はつらつ先生」として表彰された教師は、校種別に見ると小学校一三二名、中学校一〇九名、高等学校四八名、特別支援学校一四名の三〇三名であり、年齢別には四〇代がいちばん多くて一七六名、次が五〇代の七八名、三〇代が四九名で二〇代はまだ該当者がでていない。経験を積む大切さがこの数字にあらわれている。

「はつらつ先生」は、日々の教育実践とともに県内各地の研修会や研究会などで助言者や講師役をつとめていて、若い教師たちにとってもよき目標となっている。

2　旅立ちの日に

秩父ミューズパークに「旅立ちの丘」がある。秩父ミューズパークは、埼玉県秩父市と小鹿野町にまたがる大規模な公園で、「旅立ちの丘」は二〇〇六年三月一二日にオープンした。

「勇気を翼に込めて／希望の風に乗り／この広い大空に／夢を託して」という歌詞を聞いた方も多いだろう。全国各地の小中学校などで卒業の時期になるとこの「旅立ちの日に」が歌われるが、発祥の地は秩父であり、その秩父を一望できるミューズパークのなかに、「旅立ちの丘」がつくられた。メインは展望台を兼ねたモニュメントで、幅五・四メートル、長さは二五メートル。スロープをくぐるとメロディーが流れ、ステージにたつと秩父市立影森中学校の生徒によるコーラスが流れる。モニュメントの手すりは五線譜にデザインされていて、そこへ若い人たちが土鈴などを音符のように吊して願いごとを託している。

「旅立ちの日に」を作曲した高橋浩美（旧姓・坂本浩美）教諭も「はつらつ先生」の一人であり、影森中学校で音楽の教師をつとめていたときにこの歌を作曲した。影森中学は秩父鉄道の影森駅から荒川にむかって五〇〇メートルほど歩いたところにある学校で、一九八八年四月、高橋教諭は二つ目の勤務校として赴任してきた。

高橋教諭とともに小嶋登校長も、入間市の中学校から影森中学に赴任した。はじめて臨んだ始業式の日に、小嶋校長は落胆を味わうことになる。校歌をうたう生徒が半分以下で、ほとんど歌声が聞こえてこない。太いズボンと地面すれすれの長いスカート。歌がうたえないということは、こころが不健康だからだ。生徒たちにもう少し歌をうたわせて学校をかえていこう。小嶋校長は、それを高橋教諭に頼むことにした。

二〇〇九年三月、『朝日新聞』は三日連続で「旅立ちの日に」を特集した。小嶋氏は、そのなかで前任校である入間市の中学校の様子をこう語っている。

トイレの個室のドアは毎日のようにけり壊された。あちこちで鳴る非常ベル。ときには廊下をバイクが走った。（中略）

音楽には生徒をかえる力があるのかもしれない。教えてきたのは英語と国語で、音楽に特別の思いはなかった。すがる思いで音楽に力をいれることを決めた。（中略）

半年がすぎたころ、ホームルーム時、教室から生徒の歌声が聞こえてきた。あいさつをすれば、返ってくるようになった。一一月のコンクールでは、ほとんどの生徒が大きな声で歌った。離任する三年目、地域や教育委員会のあいだで「合唱がすごい学校」として知られるようになった。

「音楽で学校はかわる」という小嶋校長の信条は、こうした前任校での経験に裏打ちされてのことであった。それを、影森中学で若い音楽教師の高橋教諭に託したのである。

高橋教諭がそれまでつとめていたのは生徒数一〇〇人の小さな中学校であった。影森中学校には四〇〇人以上の生徒がいた。小嶋校長の言葉にうなずいたものの、こころのなかでは「できっこない」と思ったという。

はじめのうちは、歌をうたうどころか話にも耳を貸そうとしない。泣きながら生徒に向かい合うこともあったとのことだ。「うたうことを恥ずかしい」という意識を、「うたうことって気持ちいい」というポジティブな意識へ変化させるには、生徒何十人のパワーにまさる熱意が必要であった。授業が上手な先生がいると聞けば、休日に鳥取や北海道にも足を運んだ。生徒一人ひとりの音域を記したカルテもつくった。そのような努力をして半年が経過したころ、それまでうたうことを恥ずかしいといっていた生徒たちは、うたうことは気持ちがよいことだという意識にかわってきた。やがて朝や夕方に、生徒たちの合唱曲を練習する歌声が校舎に響くようになった。

そして三年が経った。そのときすでに影森中学校は合唱の熱心な学校として知られるようになっていた。高橋教諭は、三年前に一年生としてあの子たちが学校にはいってきて、いま卒業しようとしている。すばらしい歌声が学校に響きわたるようになったのは、なにより生徒たちががんばったからだ。何か記念になるもの、世界にひとつしかないものを残したいと考えた。生徒たちは歌でがんばったのだからそれは歌にしようということで、小嶋校長へ詩を書いてくれないかお願いした。影森中学校を最後に定年退職する小嶋校長には、おれは英語の教師だからとその場では断られたが、翌朝、高橋教諭が登校してみると机の上に詩がおいてあったという。一時間目の空き時間に三階の音楽室へ駆け上がり、一五分後にはメロディーができた。小嶋校長と高橋教諭が影森中学校へ赴任して三年目の一九九一年二月下旬のことであった。

できあがった歌は三年生を送る会の教職員の出し物とすることにし、先生たちにテープを配って放課後の職員室で生徒には秘密の練習がおこなわれた。三月の送る会では、閉会の直前に教職員二〇数人が突然ステージにあがり、小嶋校長が一番を独唱し二番を教職員全員が合唱、高橋教諭はピアノで伴奏した。さらにこの歌を手書きした楽譜が、卒業生たちのアルバムにはさみこまれた。

それから一四年後の二〇〇五年、音楽之友社が全国の音楽科の教師一三〇人にアンケートをとった。「あなたの学校では卒業式に何の歌をうたいますか」という調査である。その結果を、『朝日新聞』の天声人語（二〇〇五年三月六日）は次のように伝えている。

意外な結果が出た。定番のはずの「蛍の光」が三位で、「仰げば尊し」は一〇位にも入らなかった。一位は「旅立ちの日に」という曲である。耳にしたことがあるだろうか。今から一四年前、埼玉県秩父市にある市立中学校の音楽室で生まれた。作詞者は当時校長だった小嶋登さん。一晩で書き上げ、翌朝、音楽の先生に作曲を頼んだ。

小嶋さんを訪ねた。「三年生を送る出し物として、教師全員が壇上で歌った曲です。その年限りの歌のつもりでした」。その年の三月で小嶋さんは定年退職したが、歌は残った。卒業シーズンを前に音楽雑誌が譜面を載せる。曲は全国の小中高校で演奏され、わかりやすい歌詞が生徒たちの心をつかんだ。

「懐かしい友の声／ふとよみがえる／意味もないいさかいに／泣いたあのとき」

どこか、若者の抑圧感を歌った故尾崎豊さんを思わせる。武田鉄矢さんの「贈る言葉」にも近い。でも小嶋さんは「夢や憧れを詠んだ若山牧水の世界です」と話す。「蛍の光」や「仰げば尊し」は明治の初めに発表された唱歌である。刻苦勉励して国に尽くせ、師恩に報いて身を立てよ。歌詞には当時の教育観が色濃くにじむ。「文語調のあの歌詞がいまの子どもたちにはどうも難解なようです」と小嶋さん。昔と違って卒業式の歌は生徒たちの好みで決まるところが多い。官製の名歌を脇に押しやって、教職四〇年の思いを込めた歌が今月、列島の各地に響きわたる。

高橋浩美教諭は、狭山市立狭山東中学校を経て、二〇〇二年から埼玉県立秩父特別支援学校に勤務している。この学校でも高橋教諭は、障害のある子どもに音楽をとおして豊かなこころをはぐくむよう、多くのことを試みているが、そのひとつにオリジナルのミュージカル「しらゆきひめ」がある。東京学芸大学附属養護学校の卒業生が活動している若竹ミュージカルを見て挑戦してみたいと思ったのがきっかけで、高橋教諭は段取りを考えて次のように工夫した。

①　一四人の生徒の個性をいかす配役をきめ、独自のシナリオをつくる。
②　一人ひとりの音域やうたう力を考えながら、それぞれの役のテーマ曲を作曲する。
③　ミュージカルのなかで予想される動き（舞踏会での踊りのシーン、二人で手をつなぎ仲良く歩く練習、二人で見つめ合う練習など）の基礎練習を、つねに音とかかわらせながら

全員で積み重ねる。

④　教師による模範演技を見せて、物語の流れを理解させる。

⑤　みんなでそれぞれの歌を練習する。

⑥　せりふの読合せや通し稽古をして仕上げる。

学習発表会は大成功であった。高橋教諭は、取組みを終えた感想をこんなふうに述べている。

先生方の知恵と生徒一人ひとりの努力が結集し、すばらしい舞台となった。生徒たちは全身を使って歌い、踊った。全員が、きらきら輝いているように見えた。ミュージカルの取組みを通して、声を出して表現していくことのすばらしさや、皆で一つのものを作り上げることの大きな喜びを、生徒全員で共有することができた。また、生徒一人ひとりの課題を、中学部の教師全員で把握しながら、いろいろな角度から支援していくことの大切さを、改めて感じた。今後も新しいものを生み出すエネルギーを蓄えつつ、様々なことに挑戦していきたい。

後日、学習発表会に来場した地元・吉田町（現・秩父市）の住民の方から手紙がとどいた。「会場の雰囲気の柔らかさに驚いた。普段あまり感じないいたわりの気持ちを味わった。一生懸命演じる子どもたち、滞りなく走り回る先生方。こんな気持ちを味わったのは何年ぶりのことか」と、感激が綴られていた。

さいたま市桜区上大久保に、埼玉県立さいたま桜高等学園がある。軽度の知的障害児を対象に職業教育をおこなう特別支援学校で、二〇〇七年四月に新設された。生産技術科、家政技術科、工業技術科、環境・サービス科の四学科があり、「一般就労一〇〇％」を目標にしている。この学校の校歌も高橋浩美教諭が作曲しており、作詞は初代校長の黒澤民治氏である。二〇〇七年六月一六日に開校式がおこなわれ、生徒たちが校歌を披露したが、臨席した高橋教諭は、「一生懸命うたってくれて涙がでた。がんばってほしいと思った」と語っていた。

桜高等学園では、生徒たちが実習でパンをつくっていて、校門をはいってすぐのところにある「ショップ桜」でそれを販売している。営業日は月曜と金曜で、パンの他に季節に応じて学校内の農園でとれる野菜も販売しており、近所の方々に好評を博しているという。

3　新任校長実践記

影森中学校の小嶋校長がそうであったように、学校において校長の果たす役割はたいへん大きい。学校に活気があるか、子どもや教職員がいきいきしているか、その大半は校長の力量によるといっても過言ではない。これまで小中高など数多くの学校を訪れてきたが、校長によってこれほど差がでるものなのかと驚くことがたびたびあった。

埼玉県鶴ヶ島市の小学校で、二〇一〇年三月まで校長をつとめていた土井雅弘氏の実践も、校長としてのひとつのあり方を私たちに示してくれる。新任の校長として二年間、土井氏は教職員の先頭にたって奮闘したが、どのような実践であったかここで紹介しよう。話は伊豆七島の御蔵島での私自身の体験からはじまる。

御蔵島は、東京の竹芝桟橋から船で南へ二〇〇キロの孤島で、周囲はそそり立つ断崖の島である。標高八五〇メートルの御山を中心に深い原生林が広がっている。最近はイルカ・ウォッチングやエコツーリズムなど若者の人気スポットとなっているが、私が学生であったころはまったくの「離れ小島」であった。

学生のとき、「御蔵島セツルメント」と称した活動に参加し再三再四この島を訪れた。仲間とともに島の子どもたちとの読書活動を目的に、幾度も滞在した。ＮＨＫの総合テレビで「ひょっこりひょうたん島」が放送されていた時期で、島の子どもは大声で主題歌をうたっていた。

埼玉県庁に就職してからは疎遠になり、島のことはほとんど忘れていた。それが、県庁を退職した直後の二〇〇六年四月、あのころの子どものひとりであった徳山隆三君から、突然たよりが届いたのである。「島を出て、東京の大学にかよった。その後教職につき、いまは練馬区の小学校の校長をしている。子育てのときは新座市に在住していたので、息子と娘にとっては埼玉がふるさと」などと記されていた。

さっそく連絡し、浦和の焼き鳥屋で落ち合うことにした。四〇年ぶりの再会であったが、彼は頼もしい校長に変身しており、自信に満ちた口調で校長としての仕事ぶりを語ってくれた。そのなかにこんな話があった。

私は学校の教職員に対して、保護者からクレームがきたらすべて私に回すように、と伝えているんです。保護者の苦情には校長の私が責任をもってあたるから、みなさんはそれぞれ子どもに責任をもってあたってください、と申し上げているんです。

この話を何かの機会に、当時、埼玉県教育委員会に勤務していた土井雅弘氏に伝えたことがあった。その後、二〇〇八年四月に新任の校長として鶴ヶ島市内の小学校に赴任した土井氏は、その小学校で徳山校長の実践をみずから実践したのである。

二〇一〇年四月、土井氏から転任を知らせる手紙がきたが、文面は次のように綴られていた。

私は、この四月一日付けで異動になりました。二年間でしたが、大変に楽しく充実した校長生活を送ることができました。

二年前、着任したときの挨拶で、また職員会議の席上でも、繰り返し「苦情は私に任せてください」と言い続けました。五月の職員会議には、指示事項として文章でも「学校と保護者がパートナーシップを発揮していくためには、保護者に当事者意識を持ってもらうことが必要です。苦情をそのきっかけにしていきましょう。苦情が入ったら連絡をください。私が引き受けます」と明確に示しました。お陰で、教職員から信頼されるようになりました。

（中略）

今回の異動は、正直に言えば残念で仕方ありません。教員に異動を知らせたときは、涙を流しながらこの二年間を褒めてくれました。新聞発表のあった三月三一日には、辞令交付式、引継ぎを終えて学校に戻ると、何人もの保護者や子どもたち、地域の人々が次から次へと訪ねて来てくれて、涙を流して別れを惜しんでくれました。これまで何度も異動を経験してきましたが、今回ほど後ろ髪を引かれる異動は初めてです。

土井校長は、手紙とともに二年間のまとめとして「学校だより」と「学校教育アンケート」のファイルを送付してくれた。それらは新任校長土井氏の実践記録であり、多くの点で参考になるものであった。

土井校長は、一九八二年に埼玉県の教員として採用され、鶴ヶ島市内の小学校に赴任した。その学校で八年間勤務したあと、いくつかの学校や教育委員会で経験を積み、二〇〇八年四月にかつて教員として赴任したこの小学校へ校長としてもどってきた。年度はじめの「学校だより」で、土井校長はこんなあいさつをしている。

四月一日付けで本校校長として着任いたしました。私はこの学校に赴任できたことをたいへん喜んでおります。私はこの学校に教師として勤務した経験があります。今回、校長としてもどれたことが嬉しくてたまりません。初心にかえってがんばります。学校教育は、保護者の皆様や地域の方々の協力がなければ成り立ちません。なにとぞご理解とご協力をお願い申し上げます。

着任した土井校長が取り組みはじめたのは、保護者と学校との双方向のコミュニケーションであった。授業参観などで学校を訪れた保護者に対し、①学校での子どもたちの様子について、②授業について、③学校への意見・質問・要望について、の三分野でアンケートをとり、それを集約するとともに、おもな事項については「ご意見、ご質問に対する校長の考え」を示して保護者にフィードバックするのである。

一年度目は七回、二年度目は八回、「皆様から頂戴した貴重なご意見がまとまったのでご案内します。この意見等については学校経営に活かしてまいりたいと存じます」との前書きを添えて、保護者へ回答してきた。

保護者からの意見等は、初年度が一八〇件、二年度が二三〇件、合計四一〇件であり、内訳は

①　学校での子どもたちの様子　　二八％
②　授業　　三六％
③　学校への意見・質問・要望　　三六％

の割合であった。また校長が自分の考えを示して回答した件数は一二〇件にのぼった。

保護者からの声は、左記にあるようにまことに多様である。

・昼食の内容が貧素になったという。原因が給食費を払わない人のせいであるならば、給食か弁当かの選択制にしてほしい。
・先生の不機嫌が顔に出過ぎ。子どもたちをどれだけ深く見ているか疑問。気に入る子、気に入らない子がいるような態度が見られた。
・あいさつをしない教員に驚かされます。目が悪いのか、と思いましたが、そうではないようです。子どもより、まず先生方の意識を再確認していただきたいです。
・先生と子どもたちはふれ合っているのでしょうか。家庭で、先生の名前はもちろん先生の話はまったくしなくなりました。うちの子だけかと思い、他のクラスの友だちに聞いたとこ

ろ、やはり先生の話題はないとのことです。

このような意見や要望に対して、土井校長は回答が必要と思われる事項を選択し、「校長の考え」を明示している。

・「体育の授業、先生の事前準備不足。段取りが悪い」

——ご指摘は、若手教員のことと思います。本校には、教員になって二か月足らずの新採の教員もおります。教員になってすぐにベテランと同じように段取りよく授業ができるとは思いません。しかし、若い教員には、ベテランにない魅力があります。一生懸命さは、他の教員に負けません。また、将来の可能性では、誰よりも大きいものがあります。若い教員の魅力は、子どもたちにも共感をもって受け入れられるものと思います。若い教員が、教師として一人前に成長するよう、ぜひ保護者の皆さんも応援をお願いします。

・「保護者の出席する行事が多すぎる。仕事をしているので大変です」

——仕事が大変だということは理解できます。しかし、私は、子育ても教育も一大事業だと思っております。学校と保護者の皆様と地域の方々が連携して協力していかなければ、健全に子どもたちを育てることは難しくなってきていると感じています。学校の先生も、親も、地域の人も、みんなぼくたち・わたしたちのことを見守ってくれている、考えてくれているという意識のなかで、子どもたちは育っていってほしいと思います。

就任した年の年末に、学校評価の調査がおこなわれた。これは、教職員・保護者・児童の三者を対象に、学校の教育活動など二〇項目について「そう思う」から「そう思わない」までの四段階で評価を求める調査である。

このうち「本校の教育に満足している」という項目に対し、保護者からは「そう思う」「だいたいそう思う」との回答が八〇%を超えて寄せられた。おおむね高い評価といえるわけだが、しかし土井校長は、「そう思う」と回答した割合が二二・六%と少ないことを問題とした。「学校だより」では、「反省すべき点はきちんと反省し、いっそうがんばっていきたい」と保護者に伝えた。

翌年の学校評価では、二〇項目のうち一七項目で「そう思う」の割合が増加し、「本校の教育に満足している」の質問に関しては、三七・〇%へ上昇した。大きな躍進であり、「学校だより」で土井校長は次のように述べた。

私はこの変化をたいへん嬉しく思います。まだまだ様々な課題はあるにせよ、教職員が子どもたちのために力を合わせて取り組んできたことを評価いただいたものと感謝しております。本校の教員は「子どもたちのために」という気持ちをつよく持っていて、誠実で教育熱心です。その教職員の取組みを評価いただけることは、この上もない喜びです。

校長が率先垂範することで、学校はかわる。影森中学校の小嶋登校長やここに紹介した土井雅弘校長のような学校管理者が、どんどんでてきてほしいものである。

４　秩父探訪

「旅立ちの日に」の発祥地である秩父はハイキングの好適地であり、歴史的な遺産の宝庫でもある。小鹿野や両神や長瀞など四季折々の自然にふれるのもよいし、神社仏閣などの文化財や史跡を訪れ、郷土資料館などで古来の民俗や習俗に接しながら散策するのもたのしい。秩父に限ることではないが、貴重な自然や歴史的な遺産にふれるおもしろさを次世代に継いでいくことも、私たちの大切な課題である。秩父探訪のスポットとして、「和同遺跡」と「秩父事件」を案内することにしよう。

和銅遺跡

まず、秩父鉄道の和銅黒谷駅に近い「和銅遺跡」を訪ねてみよう。和銅とは、精錬を要しない純度の高い自然銅のことである。

『続日本紀《しょくにほんぎ》』（七九七年）という史書があるが、これは『日本書紀』に次ぐ六国史《りっこくし》の第二の史書で、六九七年から七九一年までの事柄が編年体で綴られている。このなかに、秩父に関する記述がある。それは和銅元（七〇八）年正月一一日の条で、そこに「武藏國秩父郡獻和銅」とある。どのようなことが記述されているか、宇治谷孟氏の『続日本紀（上）』（講談社、一九九二年）の訳文を要約してみよう。

この国の東方にある武蔵国に、自然に生じた熟銅《にぎあかがね》（＝和銅）が出たと奏上し献上してきた。これは天地の神の祝福であるので、年号を改め慶雲五年を和銅元年とすることにした。全国に大赦をおこない、和銅元年一月一一日の夜明け以前の死罪以下、罪の軽重にかかわりなくすべて許す。高齢の人民で百歳以上の者には籾三斛《こく》を与える。九〇以上には二斛、八〇以上には一斛を与える。孝子（よく父母に仕える子）、順孫（よく祖父母に仕える孫）、義夫、節婦は三年間租税を免除する。男女のやもめ、孤児、独り身の老人、自活できない者には籾一斛を与える。百官の人々には、地位に応じて禄を与える。諸国の国司と郡司には、位階を一階級進める。武蔵国の今年の庸と秩父郡の調・庸を免除する。

さらに、二月一一日には「初めて催鋳銭司（銭貨の鋳造を監督する役人）をおいた」とあり、従五位上の多治比真人三宅麻呂をこれに任じている。五月一一日には「初めて和同開珎の銀銭を使用させた」、七月二六日に「近江国に和同開珎の銅銭を鋳造させた」、八月一〇日に「初めて銅銭を使用させた」と続く。
七〇八年という年は、二年後に平城京への遷都をひかえていたときである。この年の二月一五日には、次のように元明天皇から「平城の地に新都造営の詔《みことのり》」がだされている。

まさに今、奈良の地は青竜・朱雀・白虎・玄武の四つの動物が陰陽の吉相に配され、(耳成山・香具山・畝傍山の)三山が鎮護のはたらきをなし、亀甲や筮竹《ぜいちく》による占いにもかなっている。ここに都邑を建てるべきである。

一二月五日に「平城宮の地鎮祭」がおこなわれ、和銅三年三月一〇日には「平城京に遷都」するという、国としてたいへん大事な時期にあたっていた。
秩父市和銅保勝会という団体がある。千三百年の歴史をもつ和銅の保存顕彰を目的とする組織で、四〇年近い活動歴がある。和銅保勝会が発行した資料には、「新しい都造りの気運も高まっていた時で、多くの資材や労働力が必要だったのです。その調達や運搬の費用や賃金などに貨幣という便利な手段を考えて、貨幣造りの計画も進められていたので、原料となる銅の産出を特に望んでいたに違いありません」と解説されている。秩父の和銅発見は、中央の朝廷にとって特別な意味を有する慶事であり、国家的一大行事として祝されたのだ。

和銅採掘露天掘り跡の近くに建てられた「和同開弥」のモニュメント。５メートルの高さがある。

和同開弥の貨幣について、かつて千葉県佐倉市にある国立歴史民俗博物館が調査したことがある。その結果をまとめた一九九三年五月刊行の国立歴史民俗博物館編『科学の目で見る文化財』には、「鉛同位体比を調べたところ和同開弥以降のいわゆる皇朝十二銭とよばれる貨幣は日本産の青銅が使用されており、続日本紀の記事が自然科学的に立証されたといってよい」と記述されている。

秩父鉄道の和銅黒谷駅で下車し、国道一四〇号をわたって熊谷方面へすこしいくと「和銅遺跡入口」の標識がある。そこを右に入ると正面は和銅山で、その麓に聖《ひじり》神社が鎮座している。駅からここまで一〇分ほどの距離である。

地元では「献上された朝廷は勅使を秩父へ下向させ、山麓に建てられた神祠に銅製のムカデ一対を下賜した。ムカデは百足とも表記することから、本来なら文武百官を遣わすべきところ、百足を百官に代えての参列の趣旨がこめられている」と伝えられている。

聖神社拝殿の左手奥に小ぶりの宝物庫があり、そこに元明天皇から賜ったとされるムカデ一対が御神宝として収められている。オスは一三・九センチで脚が二〇対、メスは一四・四センチで二二対ある。一九九三年三月、埼玉県立自然史博物館の学芸員中村修美氏は、このムカデ一対を次のように推定した（『県立自然史博物館　自然史だより』二〇号）。

モデルはオオムカデ属のようです。オオムカデのなかでもトビズムカデと考えられます。オオムカデ属は二一対の脚があります。外見からオオムカデの雌雄を区別することは専門家でも困難です。銅のムカデは、ムカデとしての特徴をよくとらえています。これほどのムカデを作った人が脚の数を間違えるとは考えにくいことです。メスには二一プラス一の二二対、オスには二一マイナス一の二〇対の脚を与えて雌雄を区別したのではないでしょうか。

宝物庫にはさらに大小二個（一七・六キロと〇・四八キロ）の和銅石も収められているが、神社創建時には一三個あったという。銅製のムカデ一対は国宝級と形容しても大げさでないほど貴重な御神宝であるので、ぶらりと出かけてすぐに見学できるものではない。宝物庫はかつての奉安殿をおもわせるほど堅固なつくりであり、頑丈に施錠されているので、あらかじめ和銅保勝会へ連絡が必要である。保勝会は地元や神社の関係の方々が構成員であり、解説は丁寧でわかりやすい。

聖神社から和銅露天掘り跡、金山抗、黒谷の銅精錬所跡を巡ることができるし、近辺には祝山、和銅沢、銅洗堀、殿地、蔵人屋敷といった地名が残されているのでそれを見てまわるのもよいだろう。背後の美の山の山上からは、蛇行する荒川と両岸の秩父盆地の連なりを眼下にのぞむことができる。天気にめぐまれれば、貴重な遺跡探訪となるはずである。

秩父事件

公立の図書館には郷土に関するコーナーを設けているところが多い。ジャンルは文学や歴史、文化財や郷土芸能、動植物の分布や地誌などじつに多彩である。驚くのは、教師など教育関係者の手による出版物がずらり並んでいることだ。

たとえば『埼玉と朝鮮』という本がある。一九九三年に埼玉県内の小中高校の教員が「埼玉と朝鮮」編集委員会をつくり編集・発行したもので、一九九七年には増補版が出ている。和銅遺跡についても、秩父で和銅を発見したのは新羅系の渡来人・金上无《きんじょうむ》であると紹介している。これは『続日本紀』にも登場する人物で、さきほどの『続日本紀』和銅元年正月一一日の条をみると、最後のところに「無位の金上无に従五位下を授けた」とある。『埼玉と朝鮮』は古代史研究家の上田正昭氏や作家の金達寿氏などの文献を渉猟したうえでの記述であり、信頼度は高い。

あるいは秩父郡市文化財保護協会が一九九六年にまとめた『秩父の文化財』は、秩父に関心をもつ者にとっては必見の書である。文化財保護法や関係条例による指定文化財のうち、秩父郡市に所在・伝承する文化財すべてを収録してある。市指定有形文化財である聖神社の社殿や県指定旧跡の和銅採掘遺跡などの写真を、簡潔な解説とともにたのしむことができる。

さて、埼玉県高等学校国語科教育研究会編『さいたま文学案内』が、一九九六年に刊行されている。埼玉に生まれ、埼玉に住み、あるいは埼玉を旅したことのある文学者たちが埼玉を描いた作品を中心に紹介しており、県の南部から西部、北部、東部の順に配列している。短歌や俳句、埼玉にゆかりの古典も紹介している。このなかに、井出孫六の『峠の廃道』（二月社、一九七五年）の一部が収められている。

今からちょうど九十年前、秩父の農民たちは未曾有の不況下にあって、専制政府の圧制に抗して闘ったのが秩父事件だが、事件の傷跡は今でも、秩父の山村に埋もれたまま残されているといってよい。（中略）

荒川べりの台地にあって秩父盆地を一望できる札所二十三番は音楽寺《おんがくじ》と呼ばれ、復活した巡礼の客で賑わっているけれども、この音楽寺の梵鐘の乱打が、明治十七年十一月二日、蜂起した農民の大宮郷（秩父市）への進攻の合図だったことに気づく観光客は少ないだろう。音楽寺から程遠くない吉田町の椋《むく》神社、この境内であの有名な困民党軍律五カ条が読みあげられ、屯集した農民数千の鯨波がやがて小鹿野町へ向かい、高利貸を挫くことになるのだが、境内にはその証しなる碑文は刻まれてはいない。

井出孫六は、信州佐久の出身である。『秩父困民党群像』で文壇に登場し、一九七五年に『アトラス伝説』で直木賞をとった。生地佐久の関係から秩父事件へ関心を深め、秩父を調査・歴訪してきた。『峠の廃道』は「明治十七年秩父農民戦争覚え書」の副題をもつ随筆集で、直木賞受賞の年の作品であるが、「明治十七年」が「今からちょうど九十年前」とあるから一九七四年の執筆であろう。

七〇年代前半は、ディスカバー・ジャパンの波に乗って秩父札所巡りが復活していた。東京から近いこともあり、若い人たちや中年の女性グループが訪れていた。井出孫六は、そうした観光客とすれちがいながら、ほとんど人に知られることのない秩父の旧跡をたどっている。

秩父市下影森にある金仙寺には秩父困民党総理田代栄助の墓がある。墓石の裏の辞世の句から田代の痛恨の無念に思いを致し、また、吉田町（現・秩父市）石間にある副総理加藤織平の家の土蔵を訪れ、困民党結成時の様子に思いを馳せる。事件後約四千人が処罰され、首謀者とされた田代も加藤も死刑となった。

秩父事件は、一八八四（明治一七）年に秩父地方を中心におきた大規模な農民一揆である。増税や借金にあえぐ農民が困民党と呼ばれる集団を組織し、そこに一部の自由党員も加わった数千人が、負債の減免と租税の軽減などを求め一一月一日の夕刻、下吉田（旧吉田町）の椋神社において蜂起し、翌二日にかけて秩父郡内を制圧して高利貸や役所の書類を破棄した。しかし警察隊・憲兵隊との衝突、さらには東京鎮台の鎮台兵の攻撃を受け一〇日ほどで武力鎮圧された。十石峠を越えて信州の佐久へ進出した一隊も野辺山原に壊滅した。井出孫六は、古地図にしたがって廃道となった佐久への峠道を三泊四日かけて歩いている。

『峠の廃道』には「あの有名な困民党軍律五カ条」との記述があるが、それは次のことを指している。

第一 今般大事件中、金円其他を私に押領致す間敷事、若し犯すものは斬
第二 事件中、決して婦人に関係致す間敷事、若し犯すものは斬
第三 酒宴遊興は一切致す間敷事、若し犯すものは斬
第四 私の遺恨を以て人を暴害致す間敷事、若し犯すものは斬
第五 総て指揮するものの命令を受けず私に事を為す間敷事、若し犯すものは斬

また、決起の目的について井出孫六は、取調べの際の田代栄助の供述から次の四項目をあげている（『秩父困民党群像』新人物往来社、一九七三年）。

一、高利貸のため身代を傾け目下生計に苦しむもの多し、よって債主に迫り十ヶ年据置き四十ヶ年賦と延期を乞うこと
二、学校費を省くため三ヶ年間休校を県庁へ迫ること
三、雑収税の減少を内務省に請願すること

四、村費の減少を村吏へ迫ること

ここに「三ヶ年間休校」とあるが、これは私たちにとって看過できない要求である。どうしてこのようなことが提訴されることになったのだろう。

わが国で最初の近代的な学校制度は、一八七二（明治五）年八月三日の「学制」によって定められた。「学制」は「必ず邑に不学の戸なく家に不学の人なからしめんことを期す」という大きな抱負をもって宣言された。しかし学校の建設は地元住民の拠出に依存し、維持・運営費は授業料と地方税によってまかなわれることが原則であったため、各地で強固な反対を引き起こしていた。文部省の『学制百年史』（一九七二年）は「明治六年六月北条県（旧美作国・明治八年岡山県に合併）において暴動が起こり、管下四十六の小学校の大部分が破壊」された事例を載せており、さらに次のように述べている。

明治六年の公学費統計によれば、文部省補助金は全体のわずか十二％余を占めるにすぎず、これに対して「学区内集金」すなわち人民の貧富の程度等に応じて課した各戸割当金が約四十三％を占めて最も多く、その他の寄付金が約十九％であり、授業料収入は約六％であった。このような過重な民費負担に対する民衆の不満は大きく、教育内容に対する不信などと合わさって学制に対する批判が高まっている。

「学制」は一八七九（明治一二）年には廃され、かわって「教育令」から「改正教育令」へと変遷していくが、授業料など住民の負担はそのまま維持され、一八八〇（明治一三）年の「改正教育令」では小学校へのわずかな国庫補助金が廃止されている。秩父においても「学制」以降の文教政策への反発がつよく、「学校費を省く」ために休校を県庁に迫ろうとしたのである。

秩父事件は「秩父暴動」と呼ばれ、地元では郷土の恥としておもてにだすのを躊躇するところがあったが、井出孫六は、秩父事件を「人間解放」の闘いであるとした。一八八二（明治一五）年一一月、会津自由党員と農民ら数千人が警官と衝突した福島事件以来、群馬事件、加波山事件などの事件が続いたが、秩父事件は「秩父暴動」でなく、これら自由民権運動における歴史的な役割を先端的に担うものであったとしている。椋神社にせよ音楽寺にせよ、そこを訪れることは、私たちの国の近代史のひとこまにふれることになるのだ。

なお、学校教育との関係では、擬洋風建築物の旧大宮学校（現・秩父市立民俗博物館）もあげておくべきだろう。木造二階建て漆喰塗りの小学校である。フランス人の篤志家の寄付もあって一八八四（明治一七）年に建築された学校で、旧埼玉県師範学校（現・さいたま市立郷土博物館）や旧本庄警察署（現・本庄市立歴史民俗資料館）とよく似た建造物であり、往時を偲ぶことができる。

第2章　『山びこ学校』再読

1　無着成恭と『山びこ学校』

二〇〇八年二月半ばの『朝日新聞』に、四回にわたって無着成恭さんが載っていた。八〇歳を超えた無着さんは、大分県国東半島にある曹洞宗泉福寺という由緒あるお寺の住職をされていて、にこやかな顔写真とともに元気な様子でインタビューに応じていた。

埼玉大学の講義では、「はつらつ先生」をはじめ第一線で奮闘している教師の実践例を積極的に取り上げたが、もうひとつ必ず取り上げた実践例がある。それは無着さんの『山びこ学校』であり、なかに収められた江口江一君の「母の死とその後」をコピーして配ったのだが、最初にこれを教材としたときは、六〇年ほど前の山村の子どもの作文が、現代の若い学生に受け入れられるか不安であった。しかし学生たちは、『山びこ学校』の「母の死とその後」を吸い込まれるように読んだ。提出されたレポートには、それぞれ教育に寄せる思いが、力のこもった筆致で綴られていた。

新聞のインタビューで、住職となった無着さんは次のように語っていた。

足し算ができるとか、かけ算ができるとか、操作的な技術をたたき込もうと、日本では焦ってそういう教育をしてきたわけでしょう。マニュアル通りやればできると。でも、できたことがいったいどんな意味があるのか分からない。そんなふうに育てたから今の日本があるわけでしょ。（中略）

学校というところは、まず全員に１００点を与えておいて、ここを間違ったから何点引く、あそこがダメだから何点……、それでおまえは60点だ、というようにその人間を評価するでしょ。つまり減点法ね。こうした点数主義というのは人間をダメにしてしまう。今の日本がこんなになってきたのは学校教育における点数序列主義だ。いじめの本質には、競争を原理とする点数序列主義があると思う。その結果としてホリエモンだとか村上ファンドだとかが出てきたわけですよ。

ホリエモンや村上ファンドが世間を騒がしたのは二〇〇六年であり、いまではすっかり忘れられた話題だが、学校教育における点数序列主義とかいじめとかの問題は、そのまま問題として続いている。それにしても、新聞に音声はないが語り口からは、往年の独特の山形弁が聞こえてくるような懐かしさを感じる。

『山びこ学校』は、一九五一年に出された山形県南村山郡山元村（現在は上山市山元）山元中学校二年生の作文集である。青年教師無着成恭の「生活綴り方」指導の結晶であり、四三人の生徒が書いた詩や文章は大きな反響を呼んだ。青銅社から出版された『山びこ学校』は、五年後には百合出版から新版が出され、角川文庫を経て戦後五〇周年の一九九五年に岩波文庫に入り「古典」となった。

目次と山元中学校付近図の次に登場する最初の作品は、石井敏雄の詩「雪」である。

雪がコンコン降る。
人間は
その下で暮しているのです。

それに続く江口江一の「母の死とその後」は、貧しさに押し潰されそうになりながら、級友や地域の人たちの協力で何とかがんばろうとする少年の一途な姿を伝えている。原文にそって内容を見ることにしよう。

「僕の家は貧乏で、山元村の中でもいちばんぐらい貧乏です。そして明日はお母さんの三十五日ですから、いろいろお母さんのことや家のことなど考えられてきてなりません。それで僕は僕の家のことについていろいろかいてみたいと思います。」

江一の父親は十年前、江一が六歳のときに亡くなった。母が死んだいまは、十一歳の妹と小学三年の弟、それに七十四歳になるおばあさんと江一の四人である。親族会議の結果、妹と弟はそれぞれ親戚へ引き取られていくことになっていて、江一は飯炊きぐらいしかできなくなったおばあさんと二人きりになる。

「なぜこのように兄弟がばらばらにならなければならないかといえば、お母さんが死んだことと、家が貧乏だということの二つの原因からです。僕の家には三段の畑と家屋敷があるだけで、その三段の畑にへばりついてお母さんが僕たちをなんとか一人前の人間にしようと心配していたのです。」

江一の母は父親の死後、一家の責任者として必死になって働き、苦労が重なっていた。診療所に入院してからも、うわ言で江一たちの生活を心配していた。

母親が死ぬ前日、地域の境分団の人たちが江一を手伝いに来てくれた。江一だけでは家の仕事の見通しがつかず、もうだめだと思っていたときだったので、ほんとうに元気づけられた。そのことを翌日、「あぶない」という知らせでみんなが枕元に集まったとき、江一は母に報告した。母は、ただ「にこにこっ」とだけ笑った。そのときの笑い顔を江一は一生忘れないと思った。

「ほんとうに心の底から笑ったことのない人、心の底から笑うことを知らなかった人、それは僕のお母さんです。僕のお母さんは、お父さんが生きているときも、お父さんが死んでからも、一日として『今日よりは明日、今年よりも来年は』とのぞみをかけて『すこしでもよくなろう』と努力して来たのでしょう。」

それでも借金がたまってゆくばかりであった。断っていた役場からの扶助（生活保護）を受けるようにしたのが昭和二十三年の三月、それからまる一年と六か月たった今年の九月、母親は「たいしたことはない」といって床についたが、心臓弁膜症のために十一月二日に入院し、小学五年の妹が付添いについた。

「それでもとうとう十一月十三日お母さんは死んでしまったのです。葬式は十五日でした。そのときは無着先生と上野先生が来てくれました。同級生を代表して哲男君も来てくれました。（中略）あとで先生に聞いたことですが、同級生のみんなが『お悔み』を出し合ったほかに、義憲さんや貞義さん、末男さん、籐三郎さんたちが『江一君のお母さんへお悔みを……』といって全校から共同募金を集めてくれたということですね。僕はこのときぐらい同級生というものはありがたいものだと思ったことがありません。」

葬式をすませて金を整理したところ正味七千円が残ったが、借金を返したら香典はなくなった。借金はまだ四千五百円残っていた。

「ほんとうに、『江一さえ大きくなったら……』と、それぱっかりのぞみにして、できることなら、江一が大きくなるまではなんとか借金だけはなくしておきたいといいながら、だんだん借金をふやしてゆかねばならなかった僕のお母さん。生活をらくにしようと思って、もがけばもがくほど苦しくなっていった僕のお母さん。そしてついに、その貧乏に負けて死んでいった僕のお母さん。そのお母さんのことを考えると『あんなに働いても、なぜ、暮しがらくにならなかったのだろう』と不思議でならないのです。」

江一は、自分が母と同じように、いや、その倍も働けば生活はらくになるだろうかと一生懸命考え、それを無着先生に書いて出した。来年は中学三年で、学校にはぜひ行きたい。世の中に出て困らないように勉強したい。田を買いたい。金をためて不自由のない家にしたい。みんなと同じように生活できる人間になりたい。このようなことを書いて出してみたが、しかしこれが間違っているような気がしてならなくなる。ほんとうに金がたまるのか疑問になる。

そこで江一は、家計の収支を計算してみることにした。昭和二十三年度の収入は畑でとれた葉煙草の一万二千円と扶助料の一万三千円の計二万五千円。これでは足らず七千円の借金をした。今年の二十四年度は、葉煙草の一万二千円から借金を返すと五千円となり扶助料をもらっても足りない。だから先生に書いて出したようなことはただの夢で、ほんとうはどんなに働いてもお母さんと同じように貧乏から抜け出すことができずに死んでゆかねばならないのではないか。

先日の十一月二十九日、校長先生と無着先生がたずねてきてくれたとき、江一はそのことをきこうと思ったが、無着先生から先に、明日の午前中に学校に来いといわれた。

「もう一ヵ月半も学校に来ないいんだから、みんなに顔を合わせて、お母さんが死んだとき義憲だ（たちが）心配してくれたんだからお礼の一つもいいなさい。それから、明日まで仕事の計画表をつくってもってこい。」

江一はその夜十二時までかかって仕事の計画表を作った。作ってみると一二月は一、二回しか学校に行けないことがわかった。

次の日、学校では、計画表を見た藤三郎たちは、「できる。おらだの組はできる。江一もみんなど同じ学校に来ていて仕事がおくれないようになんかなんぼでもできる」といった。そして一二月三日の土曜日に、江一ひとりでは何日かかっても終わりそうもなかったたきぎ運びや葉煙草のし、それに雪がこいまで終わらせた。

「明日はお母さんの三十五日です。お母さんにこのことを報告します。そして、お母さんのように貧乏のために苦しんで生きていかなければならないのはなぜか、お母さんのように働いてもなぜゼニがたまらなかったのか、しんけんに勉強することを約束したいと思っています。」

江一は、自分が田を買えば売った人が不幸な目にあうのではないか、ということも勉強したいし、僕よりもっと不幸な敏雄君も、僕たちが力を合わせればしあわせにすることができるのではないか、と作文を結んだ。

無着成恭は一九四八（昭和二三）年、山形師範を卒業し山元中学校に赴任した。一年生を担任した無着は、生活綴り方に取り組みその成果を学級文集『きかんしゃ』にまとめていった。『きかんしゃ』は一九四九年七月に第一号がつくられ、卒業する一九五一年三月には一四号が出されていた。それを底本として出版された『山びこ学校』には、男子二二名、女子二一名、計四三名の生活記録が収められている。一年生のときのものもあるがほとんどは二年生の一九四九年度に書かれている。無着は、一九五一年に青銅社から出版された初版本の「あとがき」でこんな趣旨のことを述べている。

どうしてこのような綴り方が生まれてきたか、それは、ほんものの教育をしたいという願いが動機だったと思う。社会科の教科書には「村には普通には小学校と中学校がある。この九年間は義務教育であるから、村で学校を建てて、村に住む子どもたちをりっぱに教育するための施設がととのえられている」と書いてある。しかしそれをそのまま教えたのではウソになる。現実には一枚の地図もなく理科の実験道具もないかやぶきの校舎で、チョーク一本で教育が営まれている。そこで、現実の生活について討議し考え、行動までも押し進めるための綴り方指導をしようと考えたのであり、社会科で求めている生活態度を発見する手掛かりを綴り方に求めたということである。

江口江一の「母の死とその後」についても、無着は「あとがき」でふれている。

江一の「母の死とその後」は日本教職員組合と教科書研究協議会主催の全国作文コンクールで、中学生作文の全国一となり文部大臣賞をもらった。授賞式で小学校五年生の小学校代表と江一が並んだとき、江一のほうが五センチも背が低かった。山元村の子どもは中学一年くらいから大人と同じくらい荷を背負って山道を登りおりする。その影響かと涙がにじみ出た。

この授賞式には、級長の佐藤藤三郎も同行している。山形市までのバスはまだ開通しておらず、三人は三時間かけて山形市まで歩いたという。山形駅から鈍行の夜汽車で東京に向かった。会場である東京・神田一ッ橋の教育会館に入る前、藤三郎は無着から江一に服を貸せといわれた。両親を亡くした江一の服装がいかにも粗末であったからだ。

『山びこ学校』には、藤三郎の「答辞」も収録されている。一九五一年三月二三日の山元中学校第四回卒業式で、四三名の卒業生の代表として次のような答辞を述べている。

私たちが中学校にはいるころは、先生というものを殆んど信用しないようになっていました。戦争が終ったのは昭和二十年の八月で、私たちは小学校の四年生でした。それまで先生というものはぶんなぐるからおそろしいものだと思っていたのが、急にやさしくなったので変に思いました。そのうえしょっちゅう先生は変わりました。だから無着先生も「一年くらいだべえ」などと言っていたのです。

私たちは、はっきり言います。たとえ試験の点数が悪かろうと、頭のまわり方が少々鈍かろうと、この三年間、私たち四三名はほんものの勉強をさせてもらったのです。人の悪口を陰でこそこそ言ったりする人はいません。ごまかして自分だけ得をしようなどという人はいません。私たちの骨の中しんまでしみこんだ言葉は「いつも力を合わせていこう」、「かげでこそこそしないでいこう」、「働くことが一番すきになろう」、「なんでも何故と考えろ」、「いつでももっといい方法はないか探せ」ということでした。先生たちと別れることはさびしいことです。しかし私たちは人間を信じ、村を信じ、しっかりやっていく以外に恩返しの方法はないのです。皆さん、どうか私たちをいつまでもあたたかな目で見守ってください。

2　遠い「山びこ」

『山びこ学校』から四〇年後の一九九二（平成四）年、文藝春秋から『遠い「山びこ」――無着成恭と教え子たちの四十年』が出版された。ノンフィクション作家佐野眞一の力作であり、サブタイトルにあるように、その後の無着と四三名の生徒を追跡調査し、その結果を綴ったすぐれたルポルタージュである。『遠い「山びこ」』にはどのようなことが書きしるされているのか、それを次に取り上げたいと思うが、その前に、『山びこ学校』を卒業した生徒たちが生きていかなければならなかった時代を振り返っておこう。

一九四五年の敗戦から現在までの戦後日本の歴史について、多くの専門家は「高度経済成長期」を中心においている。

社会学者の見田宗介は、戦後の日本社会を

① 敗戦の年の一九四五年から一九六〇年にいたるまでの〈プレ高度成長期〉
② 一九六〇年代から一九七〇年代前半までの〈高度経済成長期〉
③ 一九七〇年代後半以降の〈ポスト高度成長期〉

の三つに区分したうえで、現代の日本社会の骨格が形作られたのは〈高度経済成長期〉であり、「一九六〇年代の日本は、社会構造の根底からの変革であった」としている（『社会学入門』岩波新書、二〇〇六年）。

同じように、日本近現代史が専門の中村政則は「まことに高度成長の時代とは、想像を超えるほどに変化の大きな時代であった」と述べ、こんなエピソードを紹介している（『戦後史』岩波新書、二〇〇五年）。

一九九五年ころだが、私はある学会誌の編集長をしていて、中世史家の網野善彦に原稿を依頼したことがある。そのとき氏は、社会変動が最も激しかったのは南北朝時代と高度成長の時代だと私に語っていた。また現代経済史家の原朗は、高度成長期は、稲作農耕や金属器の使用が始まった、はるか二〇〇〇年前の弥生時代の変化に匹敵するとまで言い切っている。

高度成長期が、どれほど大きな変動期であったかを物語るエピソードである。中村政則は一九三五（昭和一〇）年に東京で生まれており、『山びこ学校』の生徒たちと同い年である。一九四五年八月一五日の「終戦の詔書」がラジオを通じて流れたときは国民学校四年生で、学童疎開で群馬県の草津温泉に行っていた。九月末に新宿の実家に戻ると、回りは焼け野原で、二、三キロ離れた伊勢丹デパートが丸見えだった。学校は焼け落ちて土台だけが残っており、後日、これを机代わりにして青空教室で学んだ。校庭の片隅に建っていた「御真影」が安置してある奉安殿を恐る恐る覗き込むと、中はからっぽだった。新宿駅近辺では浮浪児たちが食を求めて徘徊しており、戦争に負けるとはこういうことなのか、と実感したという。

山元村という僻村と東京の新宿という都会とでは事情が異なるが、しかし食べることに汲々としていたことにかわりはない。当時、主食の米の消費量は一人一日当たり三合（四三〇グラム）とされていたが、配給は二合一勺（三〇〇グラム）だけしかなく、だれしもひもじい思いをしていた。衣食住について困窮した敗戦時の体験と、そこから抜け出し戦勝国アメリカのようなゆたかな生活を手に入れたいという願望が、経済復興の原動力となり高度経済成長へとつながっていく。

中村政則は、「高度成長期の社会変動のなかで最も大きな変化は農村からの人口流出と都市化の進展であった」と記述している。就業人口に占める農業人口の割合は、一九五〇年四五・二％、六〇年三〇・〇%、七〇年一七・九%と急角度で減少した。農業の解体現象であり農村の過疎化であるが、これと対照的に都市化現象が進んだ。一九四五年に二〇〇二万人であった都市人口は一九七〇年に七五四三万人となり、総人口の七二・一%が都市に住むようになった。

見田宗介はその背景として、「農業基本法」の制定（六一年）と「全国総合開発計画」の策定（六二年）を指摘している。前者は「農業構造改善事業」などに具体化され、それまでの日本の社会の基底をなしていた農村共同体をドラスティックに解体し小農民を切り捨てて近代化をはかろうとした。また後者は「新産業都市建設促進法」などに具体化され、国土全体にわたって産業都市化を促進しようとするものだった。その結果が「社会構造の根底からの変革」であり、日本列島が全体的に再編成され、専業農家戸数は一九六〇年の二〇八万戸から七〇年には八四万戸へと、わずか一〇年間で六〇%も減少した。農村共同体の解体とともに大家族制も解体に向かい、一世帯当たりの平均家族数は一九五五年四・九〇人から一九七〇年には三・五五人へ減少した。これらは単なる数字の変化でなく、地域社会の解体であり、「拡大家族」から「核家族」への変化であって、地域の人間関係、家族の関係、男女の関係、女性の人生、男性の人生、子どもの育ち方、等々の一切の変革であったと見田宗介は述べている。

『山びこ学校』の生徒たちは、二〇歳代半ばから四〇歳くらいまでの壮年期に「高度成長期」を体験し、その後一九九五年ころに還暦を迎えている。また山元村は、この間に著しい過疎化に見舞われ、一九五〇年には戸数三〇四戸、人口一九七八人であったが、一九九一年には戸数一七九戸、人口七七〇人へと激減した。無着が教師として山元村に赴任したとき、児童生徒数は小中学校合わせて四一九名であったが、二〇年あまり後の一九七〇年には約半分、一九八〇年には一〇〇名となって、佐野眞一が『遠い「山びこ」』を出した一九九二年の三月に山元中学を卒業した生徒は、男子三名、女子三名のわずか六名であった。このような激しい変動のなかで、『山びこ学校』で学んだ生徒たちは、どのように時代と向き合ったのだろう。

江口江一は、作文「母の死とその後」の最後に「僕よりもっと不幸な敏雄君」のことを書いたが、それは、「雪がコンコン降る。人間はその下で暮している のです」の石井敏雄のことである。敏雄は『山びこ学校』のなかで、作文「すみ山」も書いている。

「私はまいにち学校にもゆかず、すみ山にゆきました。私は『みんなのように学校にゆけたらな』とおもっているときがたびたびあるのです」という書出しの作文には、まいにち山にいってすみがまの仕事をし、夏は夕方五時まで山にいて、かえりはすみをせおってくること、家にかえると六時半くらいになっていて、ごはんをたべてわらをぶちはじめること、「今日学校さいっていい」とおっつぁん（父）にいわれるとよろこんで学校にいくこと、などが記されている。

ここにあるおっつぁんとは、実の父親でなく叔父のことだと佐野眞一は書いている。敏雄が生まれたのは山元村でなく東京の荒川区であり、二歳のころ山元村の隣村出身の父親が死に、母は敏雄を連れて東京から出身地の山形にもどって父の姉の嫁ぎ先に身を寄せた。敏雄が六歳のとき母は後妻に行くことになったため、敏雄は山元村の母親の実家に預けられた。約束では少し落ち着いてから母が再婚先に敏雄を引きとることになっていたが、貴重な労働力になっていた敏雄を、実家の叔父夫婦は手放さなかった。敏雄が中学にあがったころは、叔父は敏雄に炭焼きの窯をひとつ完全にまかせたため、敏雄が中学三年間で登校できた日数は規定の半分にも満たなかった。村の教育委員会が叔父あてに通知を出し、ひさびさに登校して書いたのが「雪」であったという。山元村に生まれ育った者であれば雪は「ぞくぞく」降るものであり、「コンコン」降るとはけっしていわない。両親がそろっていた東京の雪の遠い記憶がこの詩にはかすかに投影されていると、佐野眞一は見ている。

中学を卒業後、敏雄は叔父のもとで十三年間、働きづめに働いた。仙台や青森や千葉などに出稼ぎにも出た。二八歳で南陽市の農家に入り婿したが、そこは山元村よりもずっと辺鄙なところであり、ここでも敏雄は労働力でしかなかった。三五歳のとき、仕事を選ばなければ都会でなんとかくっていけると考え、出稼ぎ先であった静岡の熱海からそのまま神奈川の座間に出た。座間で家を借り、白黒テレビに茶碗と箸、布団二組を買うと、七年間の出稼ぎでためた貯金は一文も残らなかった。

『山びこ学校』から四〇年後、佐野眞一が敏雄を訪ねたときは、敏雄は知人の紹介で横浜市環境事業局の清掃作業員として働いていた。男女二人の子どもは高校を卒業し、独立した世帯をもっていた。敏雄は佐野眞一に次のように語った。

無着先生は、人間は話をしないと進歩しない、とよく言っていました。おまえたちには間違ったことを教えていない、というのも口癖だったなあ。私たちを踏み台にして東京にとびだしていったと思う反面、先生がいなけりゃ、私の詩がこうやって文集に載ることもなかった。私も村じゃ生活できなくて、都会にとびだしてきた。今なら先生の気持ちがわかる。そんな気もするんです。

一九五一（昭和二六）年三月に出版された『山びこ学校』は、すぐに全国的な注目を集めベストセラーになった。それがどれほどおおきな反響であったかを佐野真一はこう記述している。

『山びこ学校』が出版されると、これを書評でとりあげない新聞、雑誌をみつける方がむずかしいような状態となった。東京日日新聞、東京新聞、新潟日報、神戸新聞、京都新聞、大阪新聞など全国津々浦々の新聞がかなりのスペースをさいて『山びこ学校』を紹介した。雑誌でも『展望』の二十六年五月号に、編集長臼井吉見らの署名入り書評記事が載ったのを皮切りに、教育誌、農業誌、グラフ誌、婦人誌、宗教誌までがそのあとを追った。

同年七月には、山形市内から乗用車六台、バス一台、オートバイ一台を連ねて文部大臣天野貞祐の一行が山元中学校を訪れており、一〇月には今井正監督の映画『山びこ学校』の撮影が、山元村を舞台にしてはじまった。考えもしなかった『山びこ学校』のブームが起こり、小さな東北の村を襲ったのである。ジャーナリズムは無着と子どもたちを、熱血あふれる理想的な青年教師と貧しくても懸命に働く健気な生徒たちという設定で全国に発信していった。無着は、自分が理想的な教師として描かれ、時代の寵児のようにもてはやされることに戸惑いを感じたが、すでに抗うことができぬほどブームは高まっていた。

無着の三十数年に及ぶ教育実践をまとめた著作は三冊あるが、二冊目の『続・山びこ学校』（麦書房、一九七〇年）の「あとがき」で、無着はこのように述べている。

ぼくは、『山びこ学校』の子どもたちを卒業させてしまってから、山元村に三年おりましたが、その三年間は、なんにも手がつきませんでした。『山びこ学校』の子どもたちにもなにか助言をしなければならないといういきもちと、あたらしく受け持ちになった子どもたちには、ちがった方法で教育する必要があるのではないかというきもちに板ばさみになって、結局、焦点の定まらない日びを送ったというのが、ぼくの正直な告白です。

無着は、山元中学に赴任して六年目の一九五四年三月に退職し、駒沢大学仏教学部に編入するため東京に向かった。「私たちを踏み台にして東京にとびだしていった」という石井敏雄の言葉は、このことを指している。

江口江一のその後は、どうであったろうか。「母の死とその後」を書き、文部大臣賞を受賞した江一は、妹が山形市内の親類に、弟が山形市郊外の親類にそれぞれ引き取られ、七四歳の祖母と二人だけの生活をはじめていた。『遠い「山びこ」』によると、『山びこ学校』の映画化とジャーナリズムの異常なまでの取り上げ方によって、江一のところへ全国からファンレターが山のように送られてきたうえ、綴り方の注文も全国の出版社から舞い込んだが、江一は二度と綴り方を書くまいと心に決めていたという。中学卒業後の一年間は、毎日だれかれなしに訪問があったため半分も働くことができず、これではとてもやっていけないと考えた江一は、「あんな文章など、これからは一切書くまい」と決心しなければならなかったのだ。

卒業して一年少し後の一九五二年七月、江一は山元村森林組合の仕事に就いた。このころの森林は戦時中の乱伐がたたって、あと二、三年もつかどうかという状態であった。江一は一坪の山も所有しない一介の組合事務員にすぎなかったが、森林組合の建てなおしのために働いた。山元村の脆弱な農業構造を、造林計画を中心につくりかえるのが、江一の夢となった。勉強が必要であったため、簿記、測量、鉄索など五つの国家試験資格をとり、森林関係法規、製材、種苗、果樹栽培などの勉強もしたという。

一九六五年ころになると、四〇人もの作業員をかかえるまでに成長した森林組合を、江一はひとりで切り盛りするようになっていた。昼夜を分かたず働いてきた江一は、自分の健康を振り返るだけのゆとりを、時間的にも精神的にも失っていた。木材取引の商談中にクモ膜下出血で倒れた江一は、二か月ほど後の一九六七年五月、三一歳の若さで生涯を終えなければならなかった。

佐野眞一は『遠い「山びこ」』において、五月二〇日に執り行われた江一の葬儀で、一七年前、東京の教育会館の前で江一に服を貸した佐藤藤三郎が献じた弔辞を紹介しているが、それは切々たるものであった。

君の書いた「母の死とその後」は、生きるすべを失いかけた当時の人々に感動を与え、ふるいたたせるものであった。戦後の教育の確立は君の中学二年にして書いた作文によってうちたてられたといってもいいすぎではない。『山びこ学校』が有名になっても、それに浮かれることなく、君はひたすら森林組合の仕事に全力を傾けた。子どものときに両親を失い、生活の苦労を知っていた君は、村から貧しさを追放するためには林業以外には道はないとの信念で行動してきた。その実績が次々と現れはじめ、あと一〇年もすれば美林がこうこうと茂るであろうはずなのに、君はどうして死ななければいけなかったのだ。

無着成恭は、江一が亡くなる一年前の冬、ある週刊誌のルポの仕事で山元村を訪れている。江一はそのとき無着に、こんなことを語ったという。

森林組合の責任者みたいになってから、自分の学力の低いのに驚いた。漢字がかけない。計算ができない。いったい僕たちは無着先生になに習っていたんだろうって、一時は恨んだことさえありました。けれども、そんな恨みごといっていたって仕方がないから、ものすごく勉強したんです。

東京で駒沢大学に編入した無着には、卒業後は僧侶である父の関係の寺にもどる気持ちがあった。しかしその道を捨てて東京・武蔵野市の明星学園に教師として再就職し、一九五六年から八三年までの二七年間、無着は明星学園に勤務した。その教育実践の成果が『続・山びこ学校』であるが、それは「僕たちは無着先生になに習っていたんだろう」と語った江一へのひとつの回答でもあった。無着は『続・山びこ学校』の「まえがき」で、次のように述べている。

「主体的な学習」とかいって、自分で考える能力をそだてることに重点をおくという授業がはやっていますが、教室で子どもにがやがやしゃべらすことで考える能力がつくものではありません。そのためには、自然や社会の現象を法則としてとらえた知識をきちんと子どもにおしえなければならないのです。

『山びこ学校』は、ここにある「教室でがやがやしゃべらす教育」であり、子どもを中心に、子どもの生活経験に即し、子どもの身辺から問題をわいわい議論しあいながら進められた教育であった。それを無着は、二冊目の教育実践集『続・山びこ学校』で「考える能力がつくものではありません」とし、一貫性のある科学的で系統的な教科教育の重要性を主張した。この本の「あとがき」で、無着はさらに次のように述べている。

ぼくは『山びこ学校』を戦後の生活経験主義的な教育の所産であるとみている。子どもたちが自分と自分を取りまく人々の生活を観察し、考えあって行動にまで発展させていくための素材として作文をつくらせたが、これは生活を正しく認識すれば、おのずから問題解決の方向がでてくるはずだという仮説のもとでおこなわれたのだ。しかし、学習の出発点に子どもの生活をすえることは大切であるとしても、問題を解き明かすためには、系統的で理論的な学習が必要である。ぼくは教師として当然教えなければならないことを教えていなかったことをはじる。

『続・山びこ学校』は、「続」と付されているが『山びこ学校』の続編ではなく、無着にとっては『山びこ学校』を乗り越える意味をもつものであった。

もう一人、級長であった佐藤藤三郎のその後をみることにしよう。

『山びこ学校』の末尾には、「作者紹介」として四三名の生徒のプロフィールが載っている。卒業時に担任教師無着が書いた各人の生年月日と人物紹介であり、藤三郎については「生まれる頃、いちばん大きい姉を和歌山まで働きに出し、肺病で亡くさねばならなかった家に生まれた。ひたいにしわをよせてじりじりと相手を説き伏せねば止まない眼は、しっかり見開いている」とある。四〇年後に佐野眞一が山元村の藤三郎を取材で訪れたとき、「鋭い目と、本音を率直にさらけだす土臭いものいい」は、無着の寸評どおりだと佐野は感じている。

『山びこ学校』の申し子のような藤三郎は、中学を卒業すると上山農業高校に進んだ。高校に進学したのは四三名中四名だけで、全日制と定時制にそれぞれ二名ずつだった。藤三郎は定時制に入ったが、定時制といっても夜間部でなく、夏は週三日、冬は週四日通い、四年で修了するコースであった。その上山農業高校で、藤三郎は二回、学校から副賞二千円つきの特別賞を贈られている。卒業時に書いたレポート「小遣帳からみた四年間の学校生活」と畜産専攻科の卒論「わが村の構造分析と有畜農業経営について」の二つである。東京に出た無着との交流も続いており、藤三郎はまだ『山びこ学校』の延長線上にあったといえる。

だが、藤三郎は土に生きることを決意したものの、日本の農業政策はこのあたりから大きく転換していく。一九六〇年代には高度経済成長が本格化しはじめ、藤三郎の周囲には明るい材料はなく、農業は悪化の一途をたどった。一九六一年の農業基本法は、社会学者見田宗介が指摘していたように、村から専業農家を一掃し、村の青年たちの都市への出稼ぎを恒常化させていた。山元村の人口が急カーブを描いて減少するのも、このときからである。それを藤三郎は、『25歳になりました』『底流からの証言』『村からの視角』などの評論集にまとめていった。

一方、東京に行った無着は、大学在学中からマスコミのなかにいた。明星学園につとめはじめるとラジオ番組の司会者も任せられ、一九六四年にスタートしたＴＢＳラジオの「子ども電話相談室」では、山形弁による回答者として人気を博していった。

佐野眞一は『遠い「山びこ」』で、マスコミで盛名をはせる無着と、農業で苦闘する藤三郎とを詳細に追跡しており、やがて互いに反目し、それをマスコミがあおり、二人がさらに論争し対立していくありさまを追っている。藤三郎が、夢中になって教育に没頭していたときの無着とジャーナリズムの上で芝居をしている無着を、どう関連づけてよいのかわからないと批判するのに対し、無着が、自分の教え子にこんなにズバズバいわれるのはまさに自分の教育の成果が生きている証拠だ、と応じる様子などを真に迫る筆致で描いている。無着にとって『山びこ学校』を乗り越えることが課題であったように、『山びこ学校』を代表する立場の藤三郎にとっても、無着の『山びこ学校』をどのように乗り越えるかが課題であったのだ。

山形駅前のバーで、佐野眞一が藤三郎に会ったとき、藤三郎は次のように話したという。

『山びこ学校』当時の無着先生は、二〇歳そこそこの若さであれだけの教育実践をやりとげたのだから、本当に偉かった。ただあの人は、他人の批判からいつも逃げ回ってきた。いつも強がりでかくしてきた。さまざまな批判を真正面から受けるべきだったと思う。

しかし今となってみれば、あの若さでマスコミにちやほやされたのだから、舞いあがるのも無理のないことかもしれない。あのときの、子どもに命をぶつけてくるような情熱には、本当にかなわない。

『毎日新聞』夕刊の特集ワイド「'09シリーズ危機」が二〇〇九年五月に三回連続で農業をテーマに取り上げたが、初日の二五日は佐藤藤三郎へのインタビューであった。農民作家と紹介された藤三郎は、うちの集落は三六戸だが、子どもを生んで育てる世代が街へ下りてしまったから小学生は三人だけであること、旧国鉄（ＪＲ）バスの初乗りが五円の時代の米価は一俵（六〇キロ）二万二〇〇〇円だったが去年の買い取り価格は一万二七〇〇円であったこと、「豊かさ」を追求し続けるいまの時代はだれかを犠牲にして成り立っていること、「食べ物を他人任せにしないという精神が失われたら、国は滅びていきますよ」などと語っていた。藤三郎の二人の子も市外に出ていき、妻との二人暮しをしている。『山びこ学校』の卒業式の答辞で「人間を信じ、村を信じ、しっかりやっていく以外に、先生方に恩返しする方法がない」と述べた藤三郎は、「我々の年代がムラを壊さぬように守っているんです」と話していた。

3　ふたたび『山びこ学校』へ

山元中学校の正門脇に石碑がたっている。そばには四三人の当時の姓名を記した石板がある。二〇〇四（平成一六）年八月に建立された石碑には、学級の文集『きかんしゃ』の創刊号に無着が寄せた詩が刻まれている。

おれたちはきかんしゃだ
きかんしゃの子どもは
いつも力を合わせていこう
かげでこそこそしないでいこう
いいことは進んで実行しよう
働くことがいちばんすきになろう
なんでもなぜ?と考える人になろう
いつでももっといい方法がないか探そう

無着のこの詩は、いわば『山びこ学校』の凝縮された精神であるが、碑の立つ旧山元村狸森《むじなもり》の地に子どもの姿を見ることはできない。平坦な場所のない山村で、狭いながらも唯一の平らなところにあった学校は、二〇〇六年に小学校が、二〇〇九年に中学校が閉鎖された。山元村は一九五七（昭和三二）年に上山市に編入されているが、旧山元村のいまの子どもたちは上山市内の学校でなく、距離的に近い山形市立の本沢小学校と第九中学校に路線バスで通っている。地元の要望を受けて上山市教育委員会が山形市の教育委員会に事務委託しているのだ。本沢小学校は無着の出身校であり、無着が学んだときは本沢尋常高等小学校といった。無着の生家であった沢泉寺は、小学校から西の大森山の麓にある。

『山びこ学校』が登場したころの学校教育は、どのような時代背景にあったのだろうか。敗戦によってそれまでの軍国主義教育が否定された教育現場では、新しい民主主義による教育が目指されることになっていたが、しかし「新教育」がただちに展開されていったわけではない。佐藤藤三郎の答辞には「先生というものはぶんなぐるからおそろしいものだと思っていたのが、急にやさしくなったので変に思った」とあるが、なぐることは慎んだものの子どもに何をどう教えればよいかわからず、現場は混乱ととまどいのなかにあったはずである。軍国主義教育に奔った教員のなかには、「すぐもとにもどる」などとうそぶき、たかをくくる者も少なくなかったといわれる。それでも、戦後改革の嚆矢とされるＧＨＱ（連合国軍総司令部）の「五大指令」、それに続く「四つの教育指令」、そして「米国教育使節団報告書」を経て教育基本法が制定されると、

「新教育」への取組みが真剣に模索されていくようになった。

なかでも「修身」にかわる新教科「社会科」は、つよい関心を集めていた。それまで「大日本帝国臣民の育成」をうたった筆頭科目「修身」は、「日本史」「地理」とともに授業が停止され、かわって登場した「社会科」は、「人権、平和、民主主義の社会の建設」をになう「社会改造科」とも呼ばれるほど大きな期待がかけられていた。一九四七（昭和二二）年一月一六日、東京・新橋駅に近い桜田国民学校で実施された社会科の実験授業は、敗戦後初の社会科授業として多くの関係者から注目を集めた。その後三月に文部省が東京で「社会科のための中央講習会」を開き、四月から五月にかけては全国でブロック講習会と各都道府県の伝達講習会が開催され、九月から一斉に、急ごしらえの社会科の授業が全国の小中学校で開始されていった。実験授業の舞台となった桜田国民学校は、この年の三月末に公布された学校教育法によって四月からは桜田小学校と改称されたが、少子化のため一九九一（平成三）年三月で閉校になっている。現在は校舎の一部が港区立生涯学習センターになっていて、二階に廃校前の資料を収蔵した部屋が残されている。

また、戦後一回目の学習指導要領が文部省から出されたのも一九四七（昭和二二）年であったが、これは法的拘束性を帯びたものとしてではなく、「試案」として出されている。「試案」とは、各学校が地域の特性を踏まえながら教育課程を編成するための「手引き」ということであり、教科書についても教育現場での参考書の一種であるとされていた。無着は社会科の教科書に記載された内容と現実との乖離・矛盾を指摘し、教科書を離れて子どもたちに足元の問題を見つめ、分析し、どうすればよくなるかを考えさせるという指導を展開したが、それを可能にした背景として、戦後最初のこの学習指導要領を指摘しておかなければならない。さらに、児童中心主義と経験主義を核とするＪ・デューイの教育思想が広まっていた当時、無着のような教授法が、積極的ではないにしても支持され容認されていたということもあったといえる。

第一回学習指導要領「一般編」の「序論」は、次のような書き出しであった。

いまわが国の教育はこれまでとちがった方向にむかって進んでいる。この方向がどんな方向をとり、どんなふうのあらわれを見せているのかということは、もはやだれの胸にもそれと感ぜられていることと思う。このようなあらわれのうちでいちばんたいせつだと思われることは、これまでとかく上の方からきめて与えられたことを、どこまでもそのとおりに実行するといった画一的な傾きのあったのが、こんどはむしろ下の方からみんなの力で、いろいろと、作りあげて行くようになって来たということである。

これまでの教育では、その内容を中央できめると、それをどんなところでも、どんな児童にも一様にあてはめて行こうとした。だからどうしてもいわゆる画一的になって、教育の実際の場での創意や工夫がなされる余地がなかった。このようなことは、教育の実際にいろいろな不合理をもたらし、教育の生気をそぐようなことになった。

国の教育政策は、その後大きく転換する。無着が山元村を離れる一九五四（昭和二九）年には、中央教育審議会の「教育の政治的中立維持に関する答申」にもとづいて教育二法が公布され、二年後の一九五六（昭和三一）年には、公選制をうたった教育委員会法を廃し任命制とする地方教育行政法が制定された。またこの年からは勤務評定制度が導入されるなど、文部省の中央統制機能が強化されていく。学習指導要領についても、一九五八（昭和三三）年の改訂により「試案」であることを止め、文部省告示として官報に公示され国家的基準であることが強調されていった。『山びこ学校』はそうした意味では、国家権力が空白となった敗戦直後の刹那に輝いた教育実践であったといえる。無着自身、岩波文庫版『山びこ学校』の「あとがき」で、次のようなことを述べている。

明治維新のとき自らを後進国と自認した日本は、軍隊がつよくなれば世界は認めるだろうということで軍国主義でやってきたが、それが崩れた一瞬のすきにできたのが「山びこ学校」である。しかし、こんどは金持ちになれば世界中が認めるだろうということで、経済主義教育につっぱしっている。そこで私は、日本人が人間として、世界市民として生きようとするとき、その原点を探る一つの資料にしてもらいたく、岩波文庫にいれる決心をした。

戦後民主主義教育の記念碑的傑作と称され、金字塔と讃えられる『山びこ学校』は、いまなお読む者に深い感動を与えている。それは、本来であればこうあってほしいと願う教育をこのなかに見いだすからであり、われわれはそこからずいぶん遠いところにいるのではないかと感じるからなのだろう。

無着の第三の教育実践記録は、『無着成恭の詩の授業』（太郎次郎社、一九八二年）である。明星学園で教頭になった無着は、学級担任からはずれクラスをもつことがなくなった。さびしくなった無着は、担任に頼み込んで週に一時間だけ詩についての授業をおこなった。それをまとめたものが『詩の授業』であるが、どんな授業だったのか、ひとつだけ見ることにしよう。

一九七九年六月、無着は中学一年生の学級で次の詩を教材に選んだ。

ぼろぼろな駝鳥

高村光太郎

何が面白くて駝鳥を飼ふのだ。
動物園の四坪半のぬかるみの中では、
脚が大股過ぎるぢゃないか。

頸があんまり長過ぎるぢゃないか。
雪の降る国にこれでは羽がぼろぼろ過ぎるぢゃないか。
腹がへるから堅パンも食ふだらうが、
駝鳥の眼は遠くばかり見てゐるぢゃないか。
身も世もない様に燃えてゐるぢゃないか。
瑠璃色の風が今にも吹いて来るのを待ちかまへてゐるぢゃないか。
あの小さな素朴な頭が無辺大の夢で逆まいてゐるぢゃないか。
これはもう駝鳥ぢゃないぢゃないか。
人間よ、
もう止せ、こんな事は。

無着はこの授業で、旧漢字・旧かな遣いの原文を新漢字・新かなに直すなどした詩を、板書する。それをノートに書き写した生徒に一度範読してやり、どんなことを感じたのか書かせてみる。三五名の生徒は、

①　駝鳥がかわいそう。きのどくになった……一三名
②　むずかしくて、わかりません……六名

③　よせといったって、それじゃ、動物園がなりたたないじゃないかと思います……五名
④　動物園（文明）と駝鳥（自然）の対立を書いた詩。動物を自然にかえせ……三名
⑤　高村光太郎は動物の味方であることがわかった……二名
⑥　人間は自分のつごうで駝鳥を飼っている。人間は自分勝手である……二名
⑦　駝鳥は人間をにくんでいると思う……一名
⑧　へんな詩だなあと思う……三名

だれもまだ、しっかりつかめていない。そこで、わからない単語を調べることにする。「四坪半」「頸」「堅パン」「身も世もない」「瑠璃色」「無辺大」などの意味を辞書にあたり、また駝鳥はアフリカのサバンナに住み、走るときの歩幅は七メートル、スピードは時速九〇キロメートル、身長二・五メートル、体重一三六キログラムなどの知識をえて、一時間目の授業が終わる。

次の授業では、まず範読し、男女各一名にも読んでもらい、詩の一行ずつをどのように解釈できるか問いかけていく。いろいろな意見が生徒から出はじめる。「腹がへるから堅パンも食うだろうが」のところでは、予想どおり「先生、堅パンてどんなのか、食べてみないとわかんないよ」という声がでる。いかにももったいぶってカバンからカンパンを取り出しみんなに一個ずつわたす。ひととおり検討したあと、感想文を宿題にする。題は「ぼろぼろな駝鳥を勉強して」。

ある生徒はこんな感想文を書いた。

最後の三行の意味がよくわかんなかった。私の頭は、この三行に集中していた。授業は終わった。だけど、私の頭のなかではまだつづいていた。家にかえって、この感想文をかきながらつづいている。そして、ハッと気がついた。

子どもだ！　テストと親にがんじがらめにされた子供のことだ。学校の教室という二十坪のおりの中で、空想の翼をぼろぼろにされてしまう子供のことだ！

私が、ハッとそのことに気づいたとき、この詩の意味がわかったような気がした。

別の生徒の感想文はこう書かれている。

この作者はたぶん、駝鳥だけがかわいそうなのではなく、人間の力によって、ほんとうの姿を失ってしまった動物たち全部に対して思いをよせているのだ！

そう思って家へかえってからもう一度、この詩を読み返しているうちに、ハッと気がついたことがある。それは、これは駝鳥のことをいってるんではなくて、私たち人間のことをいってるんではないかっていうこと。私たち人間の一人一人が、いまや「ぼろぼろな駝鳥」になってるんではないかっていうこと。（中略）

そのことを高村光太郎はいってるんだ！

『詩の授業』には、『山びこ学校』が息づいている。ふたたび『山びこ学校』へもどったような感慨がある。

『山びこ学校』を読むことは、『山びこ学校』に対峙することである。佐藤藤三郎がそうであったように、私たちにとってもそれは切実な課題となるべきではないか。『山びこ学校』の無着成恭にくらべて私たちはいま何をやっているのか、それを問うためにも、若い教師の方々に『山びこ学校』を読み、語り合っていただきたい。

第3章　石川啄木という教師

1　代用教員石川啄木

渋民村という地名には、土地の名であることをこえて過ぎ去った青春への郷愁の響きがある。啄木にとってこのうえなくいとしい故郷は、啄木の歌を愛誦する者にとっても懐かしいところである。

かにかくに渋民村は恋しかり
おもひでの山
おもひでの川

これは啄木の歌集『一握の砂』の一首だが、啄木は小説「島影」のなかで、当時の渋民村の様子を伝えている。

人通りの少い青森街道を、盛岡から北へ五里、北上川に架けた船綱橋といふを渡って六七町も行くと、若松の並木が途絶えて見すぼらしい田舎町に入る。両側百戸足らずの家並の、十が九までは古い茅葺勝で、屋根の上には百合や萱草や桔梗が生えた、昔の道中記にある澁民の宿場の跡がこれで、村人はただ町と呼んでゐる。小さいながらも呉服屋、菓子屋、雑貨店、さては荒物屋、理髪店、豆腐屋まであって、素朴な農民の需要は大抵此處で充される。町の中央の、四隣不相應に嚴しく土塀を繞した酒造屋と向ひ合って、大きな茅葺の家に村役場の表札が出てゐる。

この渋民村で、啄木は教職に就いた。明治三九（一九〇六）年、二〇歳のとき、母校の渋民尋常高等小学校の代用教員をつとめたのである。わずか一年ほどであるが、啄木の教育実践には卓絶したものがあった。若い啄木には若さゆえの言動も伴ったが、それを差し引いても啄木の実践はなお多くのことを教えてくれる。石川啄木という教師はどのような教師であったのか、それが本章のテーマである。

はじめに、啄木が教壇に立つまでの略歴を見ておこう。

啄木は明治一九（一八八六）年二月二〇日、岩手県南岩手郡日戸村に生まれた。父は村の曹洞宗常光寺住職の石川一禎《いってい》、母はカツ、啄木の本名は一《はじめ》であった。翌二〇年の春、父一禎は北岩手郡渋民村宝徳寺の住職となり、一家は渋民村に移った。啄木はここで幼少時代をすごした。啄木が生涯にわたり故郷と呼ぶのはこの渋民村、現在の盛岡市玉山区渋民である。宝徳寺には啄木の部屋がいまも残されている。庭に面した床の間つきの八畳間であり、そのころの東北の山村としては恵まれた境遇であった。

明治二四（一八九一）年五月二日、学齢より一年早く渋民尋常小学校に入学し、四年間学んだ。村の南端の小さな愛宕山の麓に小学校があった。明治二八年三月に尋常小学校を卒業し、四月に盛岡高等小学校に入学する。啄木は盛岡の母方の親族の家に寄宿して通った。この高等小学校は現在の盛岡市立下橋中学校である。ここで三年間学んだのち、盛岡尋常中学校（のちに盛岡中学校と改称。現在の盛岡第一高等学校）に入学する。しかし四年次の学年末試験と五年次の学期末試験で不正行為をはたらき譴責処分を受け、また出席日数も不足していたこともあり落第のおそれがあったため、明治三五年一〇月、盛岡中学校を退学する。

文学で身を立てる志をもって上京、与謝野鉄幹・晶子夫妻の知遇を得たりするが、生活の方途もつかぬまま翌年二月に父親に連れられ無念の帰郷。その際、東京の丸善でドイツの作曲家リヒャルト・ワグナーに関する英文の本、C・A・リッジー『ワグナー』を購入し、宝徳寺でワグナーの研究に没頭する。また一二月に「愁調」と題した詩五篇が文芸誌『明星』に載る。「啄木」

の筆名による最初の作品発表である。

明治三七（一九〇四）年一月、堀合節子との婚約がととのい、一〇月に、処女詩集刊行の目的で再度上京する。

一二月に父一禎が宗費滞納のため曹洞宗宗務局から住職罷免の処分を受けるという大事件が発生し、一家は宝徳寺を去り村内の家へ移転するが、啄木はこの知らせを東京で受ける。父一禎の住職罷免問題は、その後の啄木に大きな負担となり、赤貧にまみれる原因となる。

翌三八年五月、上田敏の序詩と与謝野鉄幹の跋文が付された啄木の詩集『あこがれ』が刊行される。また父により堀合節子との婚姻届が出され、六月、盛岡市内の新居で啄木の父母と妹を含めた五人の生活がはじまる。啄木たちはこの家に三週間住んで市内の別の家に転居するが、最初の帷子小路にあった新居は、現在は市の有形文化財であり「啄木新婚の家」として知られる。啄木夫婦の部屋は玄関脇の四畳半、父母妹三人の部屋はとなりの八畳の二間だけであった。

そして翌三九年三月、啄木は母と妻節子とともに渋民村に帰ってくるのである。宝徳寺に戻ることはできず、三人は斉藤宅に寄寓する。六畳一間の間借りであり、家賃はおろか米も家主の世話になる生活であった。三月四日の日記に「なつかしき故山澁民村に於ける我が新生涯はこの日から始まる」と記し、さらに次のように述べている。

不取敢《とりあえず》机を据ゑたのは六疊間。疊も黒い、障子の紙も黒い、壁は土塗りのまゝで、云ふ迄もなく幾十年の煤の色。例には洩れぬ農家の特色で、目に毒な程焚火の煙が漲って居る。この一室は、我が書齋で、又三人の寝室、食堂、應接室、すべてを兼ぬるのである。あゝ都人士は知るまい、かゝる不満足の中の満足の深い味を。

宝徳寺において一人息子として大切に扱われ、八畳間をあてがわれて育った啄木の複雑な心境がここには込められている。このような環境のもとで、啄木の一年間の代用教員生活がはじまるのである。

2　啄木の教育実践

そもそも啄木は、子どもが好きであった。子どもからも慕われていた。明治三九（一九〇六）年三月七日の日記には、こんなことが書かれている。

一昨日も昨日も今日も、高等科の兒等が遊びに來た。恐らくこれから毎日來ることであらう。一體自分はよく小兒らに親まれる性と見える。そして自分も小兒らと遊ぶのが非常に樂しい。自分がヰオリンをひいて、小兒らが歌ふ。無論極めて無邪氣な小學唱歌だ。何か譚をしてきかせるとおとなしく眞面目に聞いて行く。

また、三月一一日には与謝野鉄幹へ近況を報告する手紙をしたためたが、そこには次のように書かれている。

來る四月より當村小學校に教鞭をとる筈に相成居候。月給八圓の代用教員！　天下にこれ程名譽な事もあるまじく候が、これは私自身より望んでの事に御座候。（中略）小兒と遊ぶが大好きの私、何はともあれ、教壇に立つの日を少なからぬ興味を以て鶴首いたし居候。

さらに、三月二三日の日記には、小学校の卒業式に参列したときの様子が記されている。

この日小學校の卒業式あり。誘はれて自分も參列した。無邪氣な兒等のうれしさうな顏、が三百も列んで居て、そして聲を合せて「螢の光」を歌った時、自分はたゞもう嬉しいやら昔戀しいやらで、涙も出る許り可愛く思った。

啄木が代用教員として採用されるのは、明治三九年四月一三日、村役場で一一日付の辞令を受領したときである。辞令には「澁民尋常高等小學校尋常科代用教員を命ず、但し月給八圓支給」とあった。当時の渋民尋常高等小学校の様子についても、啄木は小説「島影」の中に記述している。

小學校は、町の南端れ近くにある。直徑尺五寸もある太い丸太の、頭を圓くして二本植ゑた、それが校門で、右と左、手頃の棒の先を尖らして、無造作に鋼線《はりがね》で繋いだ木柵は、疎らで、不規則で、歪んで、破れた鎧の袖を展べた様である。柵の中は、左程廣くもない運動場になって、二階建の校舎が其奥に、愛宕山の鬱蒼《こんもり》した木立を背負った様にして立ってゐる。

教員は校長以下四名、児童は二八三名（高等科六八名、尋常科二一五名）の学校であり、啄木はなるべく高等科の受持ちになりたいと望んでいたが、校長から任されたのは尋常科の第二学年であった。はじめて児童の前に立ったのは辞令交付の翌日の一四日で、そのときの気持を次のように綴った。

彼等の前に立った時の自分の心は、怪しくも抑へがたなき一種の感激に充たされるのであった。神の如く無垢なる五十幾名の少年少女の心は、これから全たく我が一上一下する鞭に繋がれるのだなと思ふと、自分はさながら聖《たふと》いものの前に出た時の敬虔なる顫動を、全身の脈管に波打たした。不整頓なる教員室、塵埃にみち〳〵たる教場、顔も洗はぬ垢だらけの生徒、あゝこれらも自分の目には一種よろこばしき感覺を與へるのだ。學校は實に平和と喜悦と教化の大王城である。イヤ、是非さうさせねばならぬ。

ここには啄木の子ども観が率直にあらわれている。それは子どもをいとおしい存在とするだけでなく、この世の塵芥にあって神聖で崇高な存在にまで高められた子ども観である。教職を志したものであればだれもが経験する尊くて侵しがたい感情の昂りを、天才歌人啄木もまた、最初の日に深く感取したのである。

こうした啄木の子ども観は、子どもたちに対し、自分のできるかぎりのことをしてあげたいという実践につながることになる。それは、はやくも四月二六日に課外の授業としてあらわれる。前日に、啄木は学校であやまって右の足を怪我してしまうが、「一日も休まずに出勤した。生徒が可愛いためである」と日記に綴り、次の日から高等科生徒の希望者へ、放課後、英語教授を開始するのである。

二時間乃至三時間位つゞけ様にやって、生徒は少しも倦んだ風を見せぬ。二日間で中學校で二週間もかゝってやる位教へた。始めの日は二十一名、翌日は二十四名、昨日は二十七名、生徒は日一日とふへる。英語の時間は、自分の最も愉快な時間である。生徒は皆多少自分の言葉を解しうるからだ。

啄木は英語についてかなりの実力を身につけていた。盛岡中学校では英語自習会「ユニオンの会」に参加しており、中学退学後も、上京した啄木は生活の方途もつかずに無為の日々をおくるなかで、古本屋でもとめた洋書を手に、図書館にかよった。東京からは友人岡山儀七あてに、一九世紀後半の英国の詩人Ａ・テニソンの詩「秋」の原文に自作の詩「アキ」を添えた書簡をだしている。また東京から持ちかえったＣ・Ａ・リッジー『Wagner』をもとにワグナーの研究に没頭し、その成果を岩手日報紙上に七回にわたり「ワグネルの思想」と題する評論として発表した。さらにこのころ、妻となる節子の支援で、米国の女流文学者アンナ・Ｌ・ウォード編集のアンソロジー『Surf and Wave』を手に入れ、熱心に読みふけった。独学ながら、英語の詩も散文もほとんど読めるほどの実力であった。

英語のこの課外授業の情景を彷彿させる描写が、小説「雲は天才である」に登場する。それは主人公が次のように語るところである。

此校の職員室に末席を瀆すやうになっての一週間目、生徒の希望を容れて、といふよりは寧ろ自分の方が生徒以上に希望して開いたので、初等の英語と外國歴史の大體とを一時間宛とは表面だけの事、實際は、自分の有って居る一切の知識、（知識といっても無論貧少なものであるが、自分は、然し、自ら日本一の代用教員を以て任じて居る。）一切の不平、一切の經驗、一切の思想、――つまり一切の精神が、この二時間のうちに、機を覗ひ時を待って、吾が舌端より火箭となって迸《ほとばし》る。

啄木は、米国への渡航をつよく望んでいた。叶えることのできぬ夢でおわってしまったが、「英語が話せれば世界中何處へでも行くに不便はない」と考え、その思いを渋民の子どもに伝えようとした。翌年の一月一〇日の日記には「この日より毎日五分間か十分間宛、尋常二年及び高等科に、簡單なる英語會話を教ふることとしたり」とあるように、英会話の授業も試みている。

啄木の熱心さは、「朝読」にも見ることができる。十月一日から自宅に子どもたちを集め、「朝読」をはじめるのである。間借りしている狭い「自宅」へ、どのように子どもたちが集まったのか、そこで何を読んだのか、いつまで続けたのか、これらのことはわからないが、開始したときのことは日記に次のように記されている。

聊《いささ》か感ずる處あって、十月一日から、自宅で朝讀を始めた。男女二十人許りの生徒が、夜のまだ明け放れぬ頃から、我先きにと集まって來る。此一事だけでも、この朝讀が善良な感化を與へて居る事がわかる。尤も自分は大抵暗いうちから彼等に起される。夜おそく寝た時などは、随分辛い事もあったが、しかし彼等の心――清い、尊い心に想い至ると、予は或る感謝の念に胸を一杯にし乍ら、蹶起せざるをえなかった。

また啄木は、子どもらと連れ立って学校の周辺をよく散策した。七月、日中は炎熱だが「日がくれると兒童等――可愛い女の兒らに誘われて、舟綱橋の螢狩にゆく」ので、モノを書く時間がないと記している。また九月には、こんな記述がある。

九月中は、殆んど毎日、初蕈狩《はつたけがり》に平田野に行った。未明に起きて行って、露深い秋草の香と初蕈の香とを嗅ぎわけつつ、そこの松蔭、こゝの松蔭と尋ね歩く樂しみは？　嗚呼、胸が涼しい。そして、生徒が學校へ來はじめる頃、心地よい朝日の光を一杯にあび乍ら、蕈を滿たした竹籠を腰にして、かへってくるのであった。

平田野は、学校の近くの松林のあるところで、初茸は初秋からアカマツ林地に群生する。啄木はこのような渋民の秋が好きであった。「漆の葉の色づくを先立てて、野に、山に、巷に、天に、人の心に、犇々《ひしひし》と迫って來る秋の力！」と言い、「予は『秋』の前に跪く」と述べている。Ａ・テニソンの詩「秋」を東京から友人におくったのも、故郷の秋を偲んでのことかもしれない。しかし東京の秋は、啄木にとっては別の秋であったようである。のちに東京で詠った歌は、「秋の風我等明治の青年の危機をかなしむ顔撫でゝ吹く」のような、うら淋しいものが多い。

代用教員啄木は、渋民尋常高等小学校で教育に情熱を燃やした。だがそれは、ときとして因襲にとらわれぬ発言や行動となり、周囲の不評をかうことにもなった。井上ひさしの作品に「泣き虫なまいき石川啄木」という戯曲があるが、「泣き虫」はともかく「なまいき」であったことは日記からもうかがうことができる。若い啄木は、既成の考え方や制度などを無視し批判しながら、己の信ずる方向を歩もうとしたのである。

はじめて児童の前に立った四月一四日の日記はすでにふれたが、その日の日記にはさらに校長について、「師範出の、朝鮮風な八字髯を生やした、先づノンセンスな人相の標本」と綴っている。また四月二二日、隣村の巻堀村小学校で開かれた郡教育会部会の月次会へ出席したが、「頭脳の貧しい人間が集って、何が出來るかは、自分の初めから知って居た所である」と、あたまから小ばかにした評を下している。高等科の生徒に課外の英語授業をはじめた四月二六日の日記では、修身・算術・作文の三科に自己流の教授法を試みていると述べ、「文部省の規定した教授細目は『教育の仮面』にすぎぬのだ」と言い放っている。教授細目とは現在の学習指導要領のことである。校長は師範学校出身の遠藤忠志という人であったが、啄木のような代用教員を迎え、おおいに狼狽したことであろう。

啄木のこうした自負心は、八月の村の祭礼の際にも発揮された。教員たちは生徒に対して踊りを踊ってはいけないといっているが、しかし踊りは田舎の最大の快楽なのだからむしろ踊るべきであるとの考えから、啄木は率先して盆踊りに加わった。

予が踊ると少年少女が喜んで矢張り踊る。年とった人まで捲き込まれる。「先生が踊る様になってから、この村の踊が盛んになった。今迄の先生達は踊などを生徒にやらせなかった。そのクセ、自分達は酒を飲んで歌ったり踊ったり喧嘩したりし乍ら」と或者が云った。予は笑った。然し、予は今迄人から賞められて、これ位嬉しいと思った事はない。

もうひとつ、代用教員時代の啄木についてふれておきたい。それは、金田一京助からもらった本に関係してのことである。

言語学者の金田一京助は啄木と盛岡中学校が同窓で、啄木の短い生涯を物心両面で支えた先輩である。暑中休暇中の明治三九（一九〇六）年八月九日、啄木は文科大学（現在の東京大学文学部）の学生である金田一京助と盛岡のまちで会い、数冊の本を譲りうけた。英文のジャーマンコース一部、新独和辞典一部、ハイネ、シラー、ケルナー、レナウの詩集各一部であり、「帰って直ぐ獨逸語の獨修を初めた」と日記にある。啄木のドイツ語学習は、次のように刮目に価するものであった。

ジャーマンコースの第一部は十日許りで終った。自分は殆んど一切を忘れて毎日獨逸語に全心身を打込んだ。斯くの如き頭脳の勤勉は、三十五年の冬、東都でゴルキイの短篇集の英譯を買って三日も徹夜した時と今度だけである。イヤ、まだあるかも知れぬが、外國語に斯う惚れ込んだ事はその時と今度だけである。人間の知識慾はすさまじく逞ましいものだ。熱心は驚くべきものである。アーベーツェーを習ひ初めて未だ二十日ならざるに、予は既にハイネ、シルレルの詩を十數篇讀んだ。今は専心ハイネの『ブック　デル　リーデル』を辭典片手にひもといて居る。

この『ブック　デル　リーデル』とは、Buch der Lieder（歌の本）であり、ドイツの抒情詩人ハインリッヒ・ハイネの一八二七年の詩集である。この詩集にはよく知られた「ローレライ」が収録されているが、調べてみると作曲家のF・ジルヒャーがそれに曲をつけるのは一八六三年、近藤朔風により「なじかは知らねど　心わびて……」の訳詞が音楽書『女性唱歌』に載るのが一九〇九（明治四二）年である。啄木が専心したときには、この歌は日本でまだ歌われていなかったことになる。

ドイツ語の独習は三週間ほど続き、その後一二月になって再開される。

獨乙語をこの頃またセッセとやって居る。今では一寸した手紙位は書ける様になった。アト三ヶ月で、一通り本を讀む位になつて、そして來年の四月からは佛蘭西語、それから伊太利亜語、明後年の四月からは露西亜語といふ順序。

井上ひさしは、啄木の頭脳はやすむことを知らず常に動いて回転しており、そこに「啄木のすごさがある」と指摘している。それだけに後年、明治四三（一九一〇）年一二月に東雲堂書店から『一握の砂』が発行されたが、そのなかの次の一首は、その後の啄木をもの悲しく伝えている。

売り売りて
手垢きたなきドイツ語の辞書のみ残る
夏の末かな

代用教員を辞した啄木は北海道に渡るが、貧しさに呻吟する啄木は手元の蔵書をおそらく手放したのであろう。それでもなお残されたドイツ語の辞書、それは金田一京助からもらいハイネを読んだ辞書に相違なく、啄木のさまざまな悲哀が込められている辞書であった。

3　啄木の教育論

啄木の教育観はどのようなものであったか、それをもっともよくあらわしているのは啄木の評論「林中書」である。その内容を見ることにしたいと思うが、その前に啄木が代用教員であった明治のころの教育制度を概観しておこう。

文部省が設置されるのは明治四（一八七一）年で、翌五年に「学制」が発布される。「学制」は「わが国最初の統一的な近代学校制度を規定した法」であり、日本全国を大・中・小学区に区分し整備するという広大な構想を描いていた。

①　まず全国を八大学区に分け、各大学区に大学校一校をおく。
②　各大学区を三二の中学区に分け、各中学区に中学校一校をおく。
③　中学区をさらに二一〇の小学区に分け、各小学区に小学校一校をおく。

全国に大学校を八校、中学校を二五六校、小学校を五万三七六〇校設置しようという計画である。この年、「戸籍法」による全国戸口調査が実施されたが、人口は三三一一万人で、小学校は住民約六〇〇人に対して一校、中学校は約一三万人に対して一校の割合で構想されていた。

文部省の『学制百年史』（一九七二年）には「学制の実施に当たって文部省はまず小学校の設立に力を注ぎ、学制の実施とはほとんど小学校の設立を意味するものであったといってよく、これにより明治八年には全国に約二万四千五百校の小学校が設置され、児童数は約一九五万人、就学率は約三五％（男約五〇％、女約一九％）となっており、児童数はその後さらに増加し、就学率も上昇している」とある。ただし、小学校の設立維持の経費を住民負担、つまり「民費」によることを原則としたため地方住民の不満が鬱積し、一部においては暴動につながったことはすでに第1章の「秩父探訪」のところでふれた。こうした地方住民の不満などから、明治一二年には「学制」が廃止されるとともに「教育令」が制定され、翌年には「改正教育令」が制定公布される。

明治初期の太政官制が内閣制にかわるのは明治一八（一八八五）年であるが、このとき初代の文部大臣に就任したのは森有礼であった。彼は翌一九年に「小学校令」、「中学校令」、「帝国大学令」、「師範学校令」を矢つぎばやに定めて公布した。

「小学校令」によると、小学校を尋常と高等の二段階とし、修業年限はそれぞれ四年、学齢は六歳から一四歳までの八か年であるが、父母や後見人としては尋常科修了までの四年間が「就学させる義務」であった。また一学級の児童生徒数は、尋常小学校で八〇人以下、高等小学校で六〇人以下と定められた。このように、わが国の義務教育はこの「小学校令」によって制度として確立し発足したといえる。啄木が教壇に立った明治三〇年代後半には、男女とも九〇％以上の就学率となっており、尋常科の学科は「修身、読書、作文、習字、算術、体操」で、土地の状況によってはこれに「図画、唱歌」を加えることができた。高等科は図画、唱歌を含むこれらの科目に「地理、歴史、理科」が加わり、女児には「裁縫」が課せられ、土地の状況によっては「英語、農業、手工、商業」を加えることができ、「唱歌」を欠くことができるとされた。

また「中学校令」をみると、「中学校ハ実業ニ就カント欲シ又ハ高等ノ学校ニ入ラント欲スルモノニ須要ナル教育ヲ為ス所」とされ、尋常中学校と高等中学校の二段階とされた。尋常中学校は修業年限が五年で各府県に一校おかれた。明治三一年に啄木が進学した盛岡尋常中学校は、この中学校令にもとづく学校であるが、啄木が二年生のときに改正されて尋常中学校は中学校となっている。

また高等中学校は全国で当初五校、修業年限は二年で、帝国大学令により東京大学が帝国大学と名称変更されるが、その予備課程の性格をもっていた。高等中学校は明治二七年に「高等学校令」が公布され、高等学校となる。なお帝国大学は五つの分科大学（法科、医科、工科、文科、理科）から構成されていて、金田一京助がかよったのは帝国大学文科大学である。

さらに「師範学校令」についてもふれておこう。師範学校も尋常師範学校と高等師範学校にわけられ、高等師範は東京に一箇所、尋常師範は各府県に一箇所設置することとされた。初代文相の森有礼は、教育は「生徒其人ノ為メニスルニ非ズシテ国家ノ為メニスル」と考え、それを徹底することに師範学校の存立意義があるとしていた。彼は文相になる前年、文部省御用掛として埼玉県師範学校を視察し訓示をたれているが、それは「国運の進むるの方法あまたあるべしといえども、十中八九はこの師範学校の力によらずんばあらず」というもので、文部省の『学制百年史』では、森有礼を「国体主義の教育観に貫かれていた」と記述している。
尋常師範学校の入学資格は高等小学校卒業以上の学力とされ、修業年限は四年。また師範には全寮制のもとで衣食のほか日用品や手当などが支給される給費制が導入されたが、これは軍隊と同じように、教育も国家のためにあるという考えにもとづくものであり、「順良・信愛・威重」の三つの気質の涵養が目指された。啄木は渋民尋常高等小学校の遠藤校長を「師範出の校長」といっているが、それは尋常師範学校を卒業しているということであり、師範学校に特有の「順良・信愛・威重」の三気質を重んじる軍隊式の生活と訓練を経験してきているということである。啄木が揶揄した校長の八字髯は、校長自身にとっては「威重」という威厳と重厚の大切な象徴だったのである。

さて、代用教員である啄木は、母校の盛岡中学校からの依頼で、同校の校友会誌に「林中書」と題する評論を寄せている。啄木はこの「林中書」を「明治の教育界に投ぐる爆裂弾！」と日記に書いた。では、どのような爆裂弾であったのか、それを見ることにしよう。

啄木は、「林中書」で自己紹介をする。自分は五年生のときに退学となった身であるが、その自分に母校から「一文を草し送れ」と依頼があった。自分は夢想を本職としており、盛岡中学校からほど近い小学校の代用教員を副業としている。代用教員という最下級の教育家の一人が、以前教育を受けた母校へ書くわけであるから、「教育」について書くのが適切であろう。

　このように、教育に関する自分の考えを述べることを明言した啄木は、つづけて「教育」とは「今の日本の教育」のことであるが、「今の日本」とはどのような「日本」であるのか、と問いかける。この五〇年のあいだに日本が驚くべき改革を成就したことは是認できることであり、日本は今では東洋で唯一の立憲国である。だがしかし、真に立憲的な社会かどうかははなはだ疑問であり、むしろ非立憲的な事実だけが跋扈しているのではないか？　日本では政党は単に利益と野心の結合にすぎず、民衆は封建の民のごとく無知の民衆ではないのか？

　日清戦争がすんだとき、ひとは杯をあげて躍り上がり、日露戦争がすんだとき、ひとは「日本は世界の一等国」になったというが、これはまことにおめでたい話である。子どもがだんだんと成長して一人前になるのはものの順序であり、その道理がわからぬ日本は哀れな驕慢児であり、日本は依然として東海の一孤島でいるのである。

　「今の日本」は「哀れな日本」であり、「哀れな日本」の教育は、はたしてどうか？　それが本題であり、本題の教育について述べることにしよう。

　もし自分に多少の学力や才識があるとすれば、それは学校以外のところで教えられたものであり、数百冊の書物と見聞によって得たものである。自分は母校に在学していたとき、一つの煩悶と一つの疑問があった。煩悶というのは、学校や学科は人生に何の関係があるのかということである。この煩悶のために学校をみとめることができなくなり、先生についても壊れた時計のような存在、自分の人生に何の影響もない人々であると思ったのだ。また疑問というのは、「教育の価値」を疑いはじめたことであり、どうして毎日学校へ行かねばならないのかと考え出したことである。この煩悶と疑問により、自分は校門を辞したのである。

理屈を抜きにしていえば、教育の真の目的は「人間」をつくることである。けっして学者や技師や事務家や教師や商人や農夫や官吏などをつくることではない。どこまでも「人間」をつくることである。知識を授けることなどは、真の教育の一部にすぎない。

日本の教育者には、「人間」をつくることのできる人格をもったひとがどれほどいるだろうか。「先生」と呼ばれながら進学のため、あるいは就職用の資格授与のための機械になっているのではないか。慕う子どもらを捨てて給料の高いところへ転任するような教育者はいないといえるのか。子どもの不品行を社会から攻撃されたときに「われわれは一介の教員にすぎない」として逃げる教育者が少なくないのではないか。規定の時間内に規定の教材を教えて事たれりとしているひとがいるのではないか。他の学科がどんなに優秀でも、一科目が四〇点以下だとして落第させるという愚をおかしている学校はないか。だれでも得意不得意があるのにすべての学科を同等に勉強しろと強制する教育者はいないか。

啄木は、こうした問いを次々と発したあと、盛岡中学の在校生六〇〇人に対して「諸君、予は茲で満身の聲を搾って諸君の前に叫ぶ」のである。それは後輩の在校生に向かって、諸君は教師を目指すべきではないか、という叫びであった。現在の日本は小学校の教師が三万人不足している。これを解消するには一五年を要すると、恥ずかしげもなく当局はいっている。諸君はこの空席にむかって突進する勇気はないか。神のように無垢で、それぞれ特徴をそなえた何十という子どもたちの顔を教壇からみわたしてみるがいい。きっと神の審判の庭にひきだされたような厳粛な感情が、全身にみなぎることを感じるはずだ。進学のための勉強は百科全書的な勉強であり、そんな勉強をすると壊れた時計となってしまう。何の能力もない大臣よりも、代用教員のほうが偉いとは思わないか。「予は願くは日本一の代用教員となって死にたいと思ふ」。

「林中書」の概要をまとめてみたが、「林中書」は全体に、啄木のほとばしる才気と熱情のあふれた教育論であり、それだけ論旨はさまざまに展開し、要旨としてわかりやすくまとめるにはかなり困難が伴う評論である。そのため、ここでは林中書の本文から次の点を意図的に削除して要約してみた。それは「教育の目的」について語るところであり、啄木は「教育の目的」は「天才を養成することである」と述べ、さらにそれを「別な言葉でいえば、教育の目的は『人間』をつくることである」と書いている。「天才を養成する」という部分を除いて要約したのだが、天才を養成することと「人間」をつくることが、教育の目的として同列に論じられていることをどのように理解したらよいのか、という点が疑問として残る。

啄木が盛岡中学の生徒であったときに読みふけった書に高山樗牛があり、啄木は樗牛から個人主義の主張とニーチェの礼讃を受けたといわれる。医師で育児評論家として著名であった松田道雄は、一九七八年発行の岩波文庫『時代閉塞の現状／食うべき詩』の解説で「林中書では啄木はまだ樗牛のつよい影響のもとにあり、個人の自由と権利を主張しながらも、教育の最高目的は天才の養成であるというニーチェの超人礼讃から脱していない」と指摘している。また国際啄木学会会長であった近藤典彦も同様のことを二〇〇八年発行の朝日文庫『一握の砂』の解題で述べている。中学三年生のときに樗牛の「文明批評家としての文学者」を読み、深い影響を受けて天才崇拝者となっていた啄木は、中学校を退学すると同時に樗牛のいう「大詩人」になろうと上京した、という解説である。つまり「林中書」を執筆していたときの啄木は、天才に拘泥する気持ちを抑制することができなかったということになる。

だが、そうした点があるにしても、「林中書」がすぐれた教育論であることにかわりはない。日清日露の戦争に勝利して沸きたつ日本をおめでたい哀れな国であるといい、「学制」以降の学校教育は教育的価値がなく教師は壊れた時計であると述べ、教育現場には「人間」をつくることができる教育者は少なく、問題が発生しても責任をとらずに逃げる教員が多いのではないかという指摘には、現代にもおよぶ啄木の観察眼と洞察力があらわれている。啄木が爆裂弾であると日記に記したのは、これらの主張とともに「林中書」の最後に、盛岡中学の若い在校生にむけて「教師になれ」と呼びかけたからである。富国強兵が国是の時代に、日本国の無能な大臣よりも代用教員のほうが偉いとする自負心は、このときの啄木の、やむにやまれぬ啄木らしい叫びであった。

啄木は、日記にも自分は日本一の代用教員であると書き、自分は詩人であり詩人だけが真の教育者であると述べて教育実践に打ち込んだ。課外では英語や歴史を教え、日曜日は朝早くから子どもたちがやってきて「雪ふる夜も風の日も、訪ひくる兒等のために、十時過ぎまでは予自らの時間というものなし」という状況であった。子どもたちだけでなく、明治四〇（一九〇七）年二月三日からは村内の壮年の男子や青年のための夜学もはじめた。

啄木の「林中書」は、啄木みずからの教育実践にもとづく教育論であったのである。

4　その後の啄木

啄木の代用教員時代はわずか一年で終止符が打たれるが、それは父一禎の住職復帰の道が閉ざされたからである。宝徳寺の住職を免ぜられた一禎は、その後本山に赦免を申請しこれが受理されていたが、宝徳寺には代わりの住職がすでに就いていたため宗務局でも処置に困惑し、村の檀家の間でも二派にわかれて対立するという情勢にあった。啄木が代用教員としてすごした一年間は村内が父一禎の住職再住をめぐって紛糾していたときであり、啄木一家に対してこころよく思わぬ村民が少なからずいたのである。渋民村へ帰ってきて一年が経過した明治四〇年三月五日の日記はこのように書かれている。

殆んど一ヶ年の間戰った寶徳寺問題が、最後のきはに至って致命の打撃を享けた。今の場合、モハヤ其望みの綱がスッカリきれて了ったのだ。それで自分が、全力を子弟の教化に盡して、村から得る處は僅かに八圓。一家は正に貧といふ惡魔の翼の下におしつけられて居るのだ。

四月一日に辞表を提出した啄木は、五月四日、好摩の駅から列車に乗りこみ、函館へ向かった。

石をもて追はるるごとく
ふるさとを出でしかなしみ
消ゆる時なし

北海道において啄木は、函館から札幌、小樽、釧路と漂泊ののち、明治四一年四月、上京する。東京で金田一京助の援助を受けながら再起をはかり、東京朝日新聞社の校正係、朝日歌壇の選者としてはたらいた。この時期に、評論「時代閉塞の現状」を書き（明治四三年八月）、歌集『一握の砂』を出版している（明治四三年一二月）。

京橋の滝山町の

新聞社
灯ともる頃のいそがしさかな

しかし啄木は、明治四四（一九一一）年二月、慢性腹膜炎と診断され入院、以後、平癒することなく病状生活をおくることになる。現代の専門家は啄木の症状を結核性腹膜炎と推定している。明治四五（一九一二）年一月に母カツの肺結核が判明し三月に死去。その直後の四月一三日、父一禎、妻節子、友人若山牧水に看取られて啄木は死去する。二六歳と二か月の人生であった。啄木の死後、大正二（一九一三）年五月、妻節子が二児をのこし二七歳で函館の地で亡くなった。なお第二歌集の『悲しき玩具』は啄木没後の明治四五年六月に出版された。

明治の時代の貧困は、結核の病魔と表裏であった。東京学芸大学教授であった長浜功氏の著『石川啄木という生き方』（社会評論社、二〇〇九年）には、啄木も妻節子も「いずれも肺結核が死因だった。しかし、本当の死因は『貧困』だったと言うべきだろう」とある。長浜氏によると、二人の死後、啄木の友人土岐哀果の奔走で『啄木全集』が大正八（一九一九）年に新潮社から出版され、これがたちまち評判となり版を何度もかえて売れた。稿料の二八〇〇円は、遺された二児の当面の養育費と将来の結婚資金にあてられたという。

評論家加藤周一は、代表作とされる『日本文学史序説』の「下」（筑摩書房、一九八〇年）において石川啄木を詩人ジャーナリストと呼び、「日露戦争後十月革命前、一九一〇年前後の時代の特徴を、鋭く体現していた」のは啄木であると語っている。

啄木の時代は、大学卒業生の半分は職を得ることができず、学生は在学中から就職口を心配しなければならない状況にあった。この状況を啄木は評論「時代閉塞の現状」でとりあげ、青年たちは理想と方向を失い、内訌的で自滅的傾向にあるとした。さらにこの閉塞の現状に対して、われわれはいっせいに宣戦しなければならないと主張した。

加藤周一は、啄木自身がこうした二つの面、つまり「内訌的」傾向と時代の状況に対する「宣戦」の態度を典型的に代表していたと考える。

頬につたふ　なみだのごはず　一握の砂を示しし人を忘れず

この歌のように、恋を、望郷を、酒を、病を、貧しい生活を、詠って鋭い感受性を示す啄木は「内訌的」であり抒情詩人であった。しかし啄木の歌には、次の歌のようにもうひとつの面があり、そこには閉塞的現状に対する挑戦的な態度があらわれているというのである。

友も、妻も、かなしと思ふらし――病みても猶、革命のこと口に絶たねばさらに加藤周一は、啄木とH・ハイネを対比して、二人にはこの二つの面が共通することを指摘している。『歌の本』のハイネは恋を歌う抒情詩人のハイネであったが、他方で『ドイツ宗教哲学史考』を著したハイネは偶像破壊的な思想家であったとして、啄木との共通項を指摘した。啄木が金田一京助からもらった辞書で読んだ抒情詩人ハイネは、啄木が権力の側にではなく権力に抗する側に立っていたように、権力に対する反逆者でもあった。しかしハイネは弾圧をパリへ逃れることができたが、啄木に逃れるところはなく、結核に侵され亡くなった。加藤周一はこうして「啄木こそは、今世紀（注・二〇世紀）の初め、島国のなかでの青春のおかれた現実と彼らにとっての可能性とを、もっとも正確に証言していたのである」と位置づけている。

二〇〇八年に加藤周一が逝去したとき、有志が『加藤周一のこころを継ぐために』（岩波ブックレット、二〇〇九年）という小冊子を出した。大江健三郎はその小冊子で、「現在の困難な時代を生きている若い人たちに、加藤さんのほとんど最後のお仕事となったNHKのインタビュー番組で石川啄木を強く押し出された」と述べ、若い世代の人たちに啄木を読んでいただきたいと語っている。

啄木の評論「時代閉塞の現状」は、教育についてもふれている。

ここに教育家になろうとする青年がいる。彼は教育とは、時代がそのすべてのものを次の時代のために提供することであることを知っている。しかし今日の教育は、ただ「今日」に必要な人物を養成するにすぎないのである。彼が教育家になったとしても、やれることといえばリーダーの一から五までを一生繰り返すか、その他の学科の初歩のところを毎日死ぬまで講義するだけである。もしそれ以上のことをしようとすれば、彼は教育界にいることができないのだ、と語っている。教育は次の時代のための教育でなければならないのに、現在の教育は現在を享受する人たちのための教育でしかないという啄木の主張は、現代にも通じる鋭い問題提起である。

なお「時代閉塞の現状」においては、「林中書」で見られた高山樗牛の影響はもはやない。むしろこの評論で、啄木は樗牛を批判し樗牛と訣別している。

啄木ゆかりのところを、すこし歩いてみよう。

ＪＲ盛岡の駅前に立ち、駅前広場から駅ビルを見ると、上の方に「もりおか」と書かれた平仮名の文字が目にはいる。書簡などから集めて拡大した啄木の手蹟である。北上川にかかる開運橋を渡ると道は大きく二股にわかれるが、左側の通りを進むとそこは盛岡随一の繁華街でしゃれた店舗がつらなっている。その大通二丁目の丸藤菓子店まえに「少年啄木像」が立っている。希望を胸に秘め北風にすっくと立つ姿は、旧制盛岡中学時代の啄木であり、台座には「新しき明日の来るを信ずといふ　自分の言葉に　嘘はなけれど」（『悲しき玩具』）と刻まれている。啄木像は埼玉大学名誉教授本田貴侶氏が岩手大学に勤務したときの作品であり、「きびしい北風の中に立つひたむきな姿を、あますところなく表現している」と高い評価をえている。この像はのちに妻となる堀合節子との恋愛が急速に進行したころの啄木像であり、このころ啄木は学校を抜けでて近くの不来方《こずかた》城址（現在の岩手公園）ですごすことが多かったという。

不来方のお城の草に寝ころびて
空に吸はれし
十五の心

堀合節子は盛岡の尋常小学校を卒業後、盛岡高等小学校に入学する。啄木より一年おくれであるが、啄木は一年はやく五歳で尋常小学校に入学したので、二人は同い年であった。節子は私立盛岡女学校に進学、まもなく啄木とのあいだに恋が芽生える。ピアノをひきバイオリンをひく節子がもっとも輝いたのが、この時期であったのかもしれない。啄木の死から一年と二二日後、節子もまた夫と同じ肺結核で生涯を閉じた。

作家澤地久枝に『石川節子』（講談社、一九八一年）という小説があり、この中に節子の死を報じた『函館毎日新聞』の記事が収録されている。

薄命なる青年詩人石川啄木氏が東京に客死してより一年、（中略）未亡人節子宿痾遂に癒えず京子房江の二愛児を遺して今日午前六時四十分夫の後を逐ふて帰らぬ旅に立ちたりと言

石川啄木記念館に移築された「渋民尋常高等小学校」（左）と代用教員時代に間借りした「斉藤家」（右）

ふ、悲惨の極と言ふべし

小説『石川節子』に澤地久枝は副題を付しているが、それは「愛の永遠を信じたく候」という、啄木と結婚したときの節子自身の言葉である。

旧渋民村に石川啄木記念館があるが、記念館の庭には、渋民尋常高等小学校の一部が移転保存されている。盛岡市指定有形文化財であり、解説板には明治一七年の建築とある。木造二階建ての校舎で、柾屋根造り、連子格子、障子張り、囲炉裏など明治の面影が残されている。現存する学校校舎としては岩手県内でももっとも古い建物のひとつで、一階には小説「雲は天才である」に描かれている職員室や宿直室などがあり、二階は教室となっている。みしみし鳴る階段をのぼり二階の教室に入ると、ちいさな机と椅子が並んでいて教壇の脇にオルガンがひっそりおいてある。啄木もオルガンとバイオリンをよくひいた。教壇にたつと、啄木と子どもらの談笑が聞こえてくるようだ。また校舎の右隣りには、代用教員時代に啄木一家が寄寓した斉藤家が移築されていて、内部は啄木の日記にある煤とその匂いの空間である。

啄木記念館には豊富な資料が蒐集展示されていて、学芸員をされている山本玲子さんは啄木に関することは何でも知っている方だ。啄木の好物のひとつはソバであり、中学時代の回覧雑誌にも好物としてソバをあげるほど身近で、代用教員をしていたときの明治四〇年一月五日には、友人の金矢七郎さんの家に招かれて年始のご馳走をいただいたが、そのときソバを一六杯も食べた。しかし啄木の歌には、ソバを詠んだ歌はないとのこと。山本さんには『拝啓啄木さま』（熊谷印刷出版部、二〇〇七年）などの著書があって、かずかずの啄木のエピソードを紹介している。

なお、啄木が幼年期をすごした宝徳寺は、この啄木記念館と隣接してすぐ後方にある。

作家藤沢周平も啄木記念館を訪れているが、そのときは大勢の観光客がいて、「中年のオバサンが歌を知っている短冊を見つけてははずんだ声を出す」などにぎやかであったらしい。藤沢周平が啄木についてどのようなことを語っているか、最後にそれにふれることにする。

藤沢周平の作品に『ふるさとへ巡る六部は』（新潮社、一九九五年）というエッセイ集があるが、そこで藤沢周平は、「啄木の人生は失敗の人生だった」といっている。それは啄木が、妻となる節子と知り合ったのは一四歳のときであったが、相思相愛の妻は貧苦にやつれ、啄木から病気をもらい、啄木が死んだ翌年に子どもたちを残して病死したこと、文学的業績ではすぐれた詩集やいまも人々に愛誦される歌集を残し、前衛的な鋭い考察の評論も残しているが、啄木がもっとも世に出したかった小説では失敗したこと、などを指してのことである。

そして、藤沢周平は語る。

人はみな失敗者だ、と私は思っていた。私は人生の成功者だと思う人も、むろん世の中には沢山いるにちがいない。しかし自我肥大の弊をまぬがれて、何の曇りもなくそう言い切れる人は意外に少ないのではなかろうかという気がした。かえりみれば私もまた人生の失敗者だった。失敗の痛みを心に抱くことなく生き得る人は少ない。人はその痛みに気づかないふりをして生きるのである。

そういう人間が『一握の砂』のなかの「友がみなわれよりえらく見ゆる日よ花を買ひ来て妻としたしむ」といった歌を理解できるのではないか、と語っている。

昭和二四（一九四九）年に山形師範を卒業した藤沢周平は、山形県の郷里に近い中学校に教師として赴任したが、わずか二年で学校を去っている。肺結核が見つかったためである。療養生活は長引き、退院したときには三〇歳になっていて教職へ復帰することはできなかった。都内の業界新聞社に勤めながら小説を書きはじめ、四五歳のときに直木賞を受賞するが、その間、三五歳のときに妻悦子を亡くしている。啄木の人生は藤沢周平に重なるところがあるのだ。

藤沢周平は二年間の教職を経験した。その経験はどのような内容であったのか、また藤沢周平の作品からはどのような教育観をうかがうことができるのか、機会をみて調べたいと思っている。

啄木の人生は、藤沢周平がいうように失敗の人生であった。失敗の人生のなかで、代用教員石川啄木の姿だけは光彩を放って見えるのである。

II　教育と社会

第４章　教育と競争原理

「夜回り先生」として知られる水谷修氏は、横浜市の高校の教師であった。市立養護学校高等部を振り出しに市内のいくつかの高校につとめ、現在は全国各地を講演で飛び回るとともに問題を抱え悩んでいる子どもからのメールや電話での相談に応じている。一九九二（平成四）年、市の繁華街にある定時制の港高校へ異動したのを機に、夜の街で子どもたちに声をかける取組みをはじめた。シンナーや覚せい剤など薬物問題を抱えた子どもに命がけでかかわり、暴力団に親指をつぶされたこともある。

大学での講義では、水谷氏のことを教材として使わせていただいた。二〇〇六（平成一八）年一月一二日の水谷氏へのインタビュー記事（『毎日新聞』）が、授業の導入であった。

いまの状況はともかくひどい。九一年にバブルがはじけてから、日本の社会はものすごく攻撃的でイライラしている。ゆとりとかやさしさがなくなってきている。そこで泣いているのは一番よわい人間、子どもですよ。家庭でまず追い込まれている。たとえば父親。会社に行けば「リストラするぞ」。イライラを女房、子どもにぶつける。お母さんは子どもに当たり散らす。幼児虐待、ふえているでしょ。たいへんな時代が来ているんじゃないでしょうか。

水谷修氏がいう「たいへんな時代」とはどのような意味なのか、それを検討することは今日の教育のおかれた状況を把握するための貴重な手掛かりになると考えたわけだが、学生は関心を示してくれた。本章でも、その検討から入っていくことにしよう。

1　格差と競争原理

水谷氏がインタビューで「たいへんな時代が来ている」と述べたのは、新自由主義によるグローバリズムが世の中を席巻し、競争原理の導入と徹底があらゆる分野で声高に叫ばれていたときである。現在ではこの考え方に対して批判が加えられるようになっているが、小泉純一郎政権下のころのわが国は、脇目もふらず新自由主義に身をゆだねる風潮にあった。それまでは年功序列、終身雇用などが日本社会の労働慣行であり、厚みのある中間層が形成されていたのだが、実力主義・成果主義の名のもとで日本的経営は否定され、所得格差が急速に進行していた。

二〇〇七（平成一九）年七月、日本経団連の夏季フォーラムが静岡県小山町の経団連ゲストハウスで開催され、初日に「教育問題」が議論されたとき、御手洗冨士夫会長からこんな提案があった。

学生を成績や論文で評価し、入社から給料に格差をつける仕組を導入すべきである。平等に採用しその後も年功序列というのでは、競争の原理からほど遠く、イノベーションは生まれない。社会正義を平等から公平にかえ、それに沿った学校教育、採用試験、給料体系にしないといけない。

さらにフォーラムでは、教育再生会議の座長代理であった資生堂の池田守男相談役が講演をし、「ゆるみ教育」となっている「ゆとり教育」の見直しや道徳の教科化の必要性、学校選択制とメリハリのある給与体系や教育バウチャー制の導入、教員免許更新制や副校長・主幹といった階層の導入などを訴えた。

ここには、経済界のトップが教育に何を期待しているかがよくあらわれている。教育の現場に競争原理を徹底することで、イノベーションを創出できる「高度な人材」を育成し、もって大競争時代の生き残りをはかろうというのである。しかしそれは、他方で格差を加速させるものでもあった。

そのころ発表された国税庁の「平成一八年分・民間給与実態統計調査」によると、民間企業で働く会社員やパート労働者の年間平均給与は四三五万円で九年連続して減少しており、二〇〇万円以下の層は一〇二三万人と二一年ぶりに一千万人を超えている。これは、派遣社員など給与が少ない非正規雇用者が増えている状況を浮き彫りにした格好だが、この傾向はその後も続いており、平成二一年分の調査結果では、年間平均給与は四〇六万円と一段と低くなり、二〇〇万円以下の層は約一一〇〇万人となった。

また、内閣府の『平成二一年度経済財政白書』においても、景気が悪化するなか「派遣切り」で表面化した正社員と非正社員の賃金格差拡大が明確に示されており、「非正規労働者の増加が労働所得の格差拡大の一因となった」と明記された。

ＯＥＣＤ（経済協力開発機構）は、日本の社会におけるこうした所得格差をすでに二〇〇六年の「対日経済報告書」において指摘している。

事務総長のアンヘル・グリア氏は就任後間もない二〇〇六年七月二〇日、東京・日比谷公園に近い日本プレスセンターで記者会見し、「〇六年版対日経済報告書」を発表した。ＯＥＣＤは一九六一年、加盟国の経済成長をはかり自由貿易を拡大し開発途上国を援助することを目的に、先進二〇か国で発足した国際組織である。日本は一九六四年に加盟しており、現在は三四か国から構成されている。報告書の中では、「不平等や貧困の拡大」という観点から次の二点が指摘された。

① ジニ係数が一九八〇年代半ば以降大幅に上昇し、ＯＥＣＤの平均をやや上回るまでに高くなっている。
② 相対的貧困率が、いまやＯＥＣＤ諸国のなかでもっとも高い部類に属している。

ジニ係数とは「所得・資産の分配の不平等を示す数値」で、日本はそれがＯＥＣＤの平均以上であり、また相対的貧困率というのは、われわれの所得から直接税と社会保障料を除いたものを可処分所得というが、この「可処分所得の中間値の半分に満たない人の割合」のことで、それがもっとも高いアメリカの一三・七％に次いで日本は一三・五％だというのである。

ＯＥＣＤはこうした不平等と貧困が拡大しているのは、「人口の高齢化にともなって五〇〜六五歳の労働力が高まった」ことも一因であるが、しかし主たる要因は「労働市場における二極化が拡大した」ことにあると指摘した。格差の拡大は、労働市場がフルタイムとパートタイムに二極化しており、しかも非正規労働者の割合が拡大していて一〇年前に一九％であったものがいまや三〇％に増大していること、パートタイム労働者の時間当たり賃金は平均してフルタイム労働者の四〇％にすぎないこと、が要因だという指摘である。

ＯＥＣＤのこの報告に対して、一部の専門家から「生活実感として日本にそれほど大きな格差が存在するとは思えない」とする異論が唱えられた。ＯＥＣＤの報告書は二〇〇〇年のデータにもとづいて作成されており、現時点の状況を正確に反映するものではなく、かりに格差があったとしても二〇〇〇年から二〇〇六年にかけてそれは縮小している可能性がある、などと主張したのだ。しかしこの主張については、「格差は存在する」との反論がすぐに出された。その根拠は生活保護の被保護者に関して、一九九五年に受給者が八八万二千人であったものが二〇〇四年に一四二万八千人へと六二%も増加し、生活困窮層が急増しているというものであり、説得力があり支持を集めた。以後、日本は格差社会であるとの社会通念が定着し、格差は拡大しているという認識が広がっていく。

ＯＥＣＤの「対日経済報告書」は、さらに教育の現状について懸念を表明している。要約すれば次の二点である。

① 所得の低い世帯の子どもは、質の高い教育へアクセスできないおそれがあり、その結果、貧困が世代間で固定化されるおそれがある。
② 子どもの学力について、階層分化が進行するおそれがある。

①に関して、わが国では、教育費における私費負担が他の先進諸国とくらべて著しく高いことが根拠となっている。ＯＥＣＤでは一九九二年以降ほぼ毎年「図表で見る教育」を発表しているが、二〇〇八年版によると、教育費全体を一〇〇とした公私の負担割合は、「公」が六八・六%、

「私」が三一・四％である。「公」の部分は国・都道府県・市区町村の教育支出であり、「私」の部分は家計の負担が中心である。OECD加盟国の平均は、「公」の負担は八五・五％、「私」の負担は一四・五％で、わが国とかなり大きな開きがあり、日本の私費負担の割合は、データが存在するOECD加盟国のなかでは、韓国、アメリカに次いで三番目に高い結果となっている（最新の二〇一〇年版では「公」が六六・七％、「私」が三三・三％であり、私費負担の割合が拡大している）。

つまりわが国では、教育について家計の負担が他の先進諸国より大きく、本来であれば機会均等が保障されなければならないのだが、所得の低い世帯の児童生徒はそれが阻害されているのである。しかもこのことは、特定の階層において世代間で引き継がれるおそれがあるということである。OECDの「対日経済報告書」では、それを防ぐために、日本の教育行政は「所得の低い世帯の子どもにも質の高い教育が享受できるような方策を考えなければならない」と指摘している。

また②の学力の階層分化について、OECDはPISAの結果を参照して懸念を示している。PISAはOECDが二〇〇〇年から三年ごとに実施している「国際学習到達度調査」であり、一五歳児（日本では高校一年生）が対象で、義務教育終了時の学習到達度を把握することがねらいである。調査内容は主に「数学的リテラシー、読解力、科学的リテラシー」の三領域で、解答には記述式が取り入れられていて応用的な学力をみることが目指されている。これまでに二〇〇〇年、〇三年、〇六年、〇九年の四回実施されており、OECDに加盟していない国・地域も参加できることから、二〇〇〇年の三二か国・地域から、〇三年は四一、〇六年は五七、〇九年は六五というように、参加する国・地域が多い大規模な国際調査となっている。

OECDが「対日経済報告書」で参照しているのは二〇〇〇年と〇三年のPISAであり、第一回の試験と第二回の試験の結果から、日本において学力の階層分化が進んでいると指摘したのである。「できる子」と「できない子」の二極化が進んでいるという意味である。

二〇〇〇年のPISAにおいて、日本は参加国のトップクラスの成績であった。

・数学的リテラシー　一位
・読解力　八位
・科学的リテラシー　二位

だが、二〇〇三年のPISAでは順位が落ちマスコミはこぞって「学力トップ陥落」などとセンセーショナルに報じた。

・数学的リテラシー　六位
・読解力　一四位
・科学的リテラシー　二位

当時すでに「ゆとり教育」批判が出ていたこととあいまって、日本の子どもの学力が全体的に低くなっているといった不安が一種の社会問題のように広がることになる。しかし、OECDの指摘はそうではなく、「できる子」と「できない子」に大きく二極化しているとともに、その傾向が強まっていることにあった。①の問題と考え合わせれば、この二極化が、将来、固定化された社会階層を形成するおそれがあるということになる。

大阪大学の志水宏吉教授（教育社会学）は、ＰＩＳＡの第一回と第二回の結果を比較し、どうして日本の一五歳の生徒の学力が低下したのか、とくに低下の著しい「読解力」について分析しているが、それはＯＥＣＤの指摘を裏付ける内容となっている。

志水氏によると、わが国では生徒全体の学力が低下したのではなく、学力上位グループは依然として上位にあるが、中間層が減少し、それが学力の低いグループへ移行しているとのことである。「読解力」における生徒の得点のレベルを六つの段階（低い順から、レベル1未満、レベル1、レベル2……レベル5）に区分してみたところ、レベル1未満の水準の生徒の割合が急増しているのだ。「レベル1未満」というのは、「もっとも基本的な知識と技能が身についていない」ため、きわめて不十分な読解力しかもたない層を指している。二〇〇〇年の第一回調査ではこのグループは二・六％であったが、〇三年の第二回調査では「レベル1未満」の水準にとどまる生徒が七・四％と、参加国平均の六・七％をも上回る結果となっている。つまり、四〇人のクラスであれば、第一回はそのうちの一人が「レベル1未満」という状況だったが、それが三年後の第二回調査では、四〇人中ほぼ三人が「レベル1未満」にカウントされるという事態に立ち至ったというのである。そのうえで志水氏は次のように結論を述べている。

これまで日本の子どもたちの学力については、平均値が高くバラツキも小さいと見るのが通り相場であった。それが、ＰＩＳＡ２００３にいたって、とうとう日本の子どもたちの学力についての「神話」を崩壊させるようなきびしい結果が見出されたのである。問題なのは、子どもたちの全般的な学力の低下なのではなく、「できない」層への下支えがきかなくなっていることである（『学力を育てる』岩波新書、二〇〇五年）。

「夜回り先生」の水谷修氏は「たいへんな時代が来ている」と述べていたが、その趣旨は、このような格差の状況と、それを生み出す経済至上主義と競争原理、そして教育が教育でなくなっている現状への異議申立てにあるのだと思う。

では、「たいへんな時代」はどのようにつくられてきたのか、そのことを検討していくことにしよう。

2　「経済のしもべ」としての教育

一九六〇年代後半のころ、私は大学の教育学部の学生であった。真面目とはいえなかったが、それでもわが国の社会全体の状況を的確に見抜いた講義に感銘を受けることがあった。青年期教育を専門とされていた宮原誠一教授は、「地域と社会教育」の講義で当時の問題状況を次のように語っていた。

最近の数年は、退廃がほぼ極限に達している。青年期にいるものは、青年らしさをうばわれ、青年らしく生きることができないでいる。学校の中でも外でも、青年期が浪費されている。知的な探求になっていかない反発と疑念、思想的な沈潜にならない不安、構想力に転化しない孤独感、なにものにも対決することのないふてくされが、おとなのように無感動で子どものように依存的な勉強や処世とかさなりあっている。

宮原教授は、さらに地域の変貌を取り上げ、工業化・都市化の進行にともなって地域のもっていた地域性は、多くの地域でほとんど失われ、地域は全国平均化され、地域としての個性と意思をもてなくなっていると指摘し、このような現実を素通りして、子どもと青年の未来と教育について何を語ることができるだろうか、と述べていた。

また、教育学概論や教育史を講じた大田堯教授は、高度経済成長の過程で、農村では過疎問題、都市では過密問題を生み、このことが子どもの発達的環境に重大な影響となってあらわれていることを指摘していた。

地域と自然の破壊のもとで、子どもは誕生のとき、否、母体に生命が宿ったときから発達的困難と不安におかれ、伝統的な集団あそびは失われ、子どもたちが父母とともに働く機会は少なくなり、地域は教育力を失っていった。こうした状況のなかで、幼児教育などですでに多くの不平等をつくりだし、テストと競争の教育は登校拒否症の子どもを生みだした。非行や自殺の増加も、教育不在の深刻な事態を反映するものであった。

宮原教授は『青年期の教育』（岩波新書）を一九六六年に、また大田教授は『戦後日本教育史』（岩波書店）を一九七八年に上梓している。いま、これらの書を手にしながら学生のときの授業を想起してみると、両教授の子どもや青年に寄せるあつい想い、さらに教育をゆがめるものへの指弾には、あらためて共鳴するものがある。

大田教授について話を続けると、その後大田教授は、一九九〇年に出版した『教育とは何か』（岩波新書）において、経済と教育の問題を発展的に論じている。すなわち、日本の経済成長は共同体に致命的な影響を与え、とどめをさした。人々の交わりはお金を媒介としてからくもつながっているが、人格と人格とのふれあいはかえって疎遠となった。大人たちがばらばらになることは、子どもたちもばらばらに育つということだとして、次のように述べている。

日本人の歴史のなかで、こんな孤独な子育ての時代は、かつて経験しなかったことです。（中略）重要なことは、共同体の崩壊後、なお新しい密度の濃い人間関係を創り出しえないでいるいまという時代、つまり歴史的過渡期というういわば〝時間の死角〟の中で、子どもが孤独に育っていることへの現実認識なのです。

一九八七年の暮、大田教授は学術会議の一環としてイギリスを訪問した。ひととおり仕事がおわり、明後日には日本に帰れるというほっとした気持ちで、朝食後にホテルのロビーで『タイムズ』を読んでいたとき、ひとつの見出しが眼に入った。それはイギリスの一〇代の若者の意識調査結果を報じた記事であり、見出しは〝Want Cash more than Love〟とあった。「愛よりもお金」、これがイギリスの若者たちの望んでいることだとの結果を知り、すごく驚いたという。大田教授はじつはこの年、『教育改革の原則』（岩波ブックレット）という小冊子を研究仲間と出版していて、第一章に日本の小学生の対話を載せていた。

「きみ、カブト虫を知ってるかい？」
「ああ、知ってるよ、一匹五〇〇円だろう」

子どもにとってカブト虫といえば「何を食べて生きているのだろう」とか「夜はどこで寝るの

だろう」とか、昆虫としての生態や特徴に関心をもつものと考えられてきたが、「カブト虫は五〇〇円」で了解してしまうということは、本来ひとに備わっている好奇心がゆがめられているのではないか。そのことが、イギリスの若者の間では「愛よりも現ナマ」というほどにまで浸透していることに、大田教授は驚いたのである。

さらに二〇〇三年には、大田教授は埼玉新聞社発行のブックレット『わたしたちの教育基本法』のなかで次のように語っている。

私たちの社会の「退廃現象」の根はやっぱり金だろう。お金は人類の知恵が生み出した重宝なものだが、いま、さまざまなメディアにのって、もっぱら人々の欲望肥大を促す情報の源でもある。

欲望肥大は自己中心へのすすめにほかならない。社会的無関心、そして、閉じられた孤独化、愛への飢えへと向かい、社会組織の壊死へと導きかねない。

最大の被害者は、選ぶ余地なく、ここに生まれ出た子どもたちだ。自然を奪われ、引き裂かれた大人の間に孤独に育つ。ヒトの子が人になりかねて苦しむ。

戦後のわが国の教育は、敗戦直後の改革期を除いて、経済の支配下に組み込まれる過程であったといえる。とくに高度経済成長期は、日本の社会に根底からの変革をもたらすものであったが、そこでは教育について「能力主義」による教育制度の再編成が目指され、一九六一年の「全国一斉学力テスト」、六二年の教育白書「日本の成長と教育」、六三年の経済審議会答申「経済発展における人的能力開発の課題と対策」、六六年の中央教育審議会による「期待される人間像」というように、一貫して経済発展に寄与し奉仕する方向での教育が求められてきた。

大田教授は、『戦後日本教育史』において、「こうして高度経済政策は、『能力主義』にもとづいて教育制度を、競争と選抜による人材開発システムに変えたばかりでなく、子ども・青年の発達的環境を貧しく、危険にすることを必然的にともなった」と述べている。

わが国のこのような高度成長は、一九七一年八月のニクソン・ショックから一九七三年一〇月のオイル・ショックにかけて終焉を迎える。一九七四年には△一・二％という戦後初のマイナス成長を記録し、以後、低成長のなかで企業は生き残りをかけ、いっそう熾烈な競争の時代へと移行していくことになる。このころ登場し流行した新語には、肩たたき、出向、単身赴任、サービス残業、過労死などがあり、なかでも過労死は“karoshi”として国際語になっていった。過労死はもともと“work oneself to death”と翻訳されていたが、日本に特有の現象であることが欧米に知られ、英語や他の言語の辞書にもそのまま“karoshi”と掲載されるようになり、先進国でありながら前近代的な労働状況を象徴する言葉として認知されているという。

財政学が専門の宮本憲一氏（当時大阪市立大学）は、このような日本の社会を、大企業を庇護する経済国家という意味で「企業国家」と呼んでいる。つまり、一九四五年以降の戦後において、日本はふたたび戦前と同じ軍事国家になることはなかったが、さりとて福祉を重視する福祉国家になったわけでなく、文化を大切にする文化国家になったわけでもなく、経済を何よりも優先させる企業国家になった、という見解である。宮本氏はさらに、こうした国のシステム全体を「日本株式会社」と名づけた。

教育においても、当然のように「日本株式会社」が求める人材の養成が目論まれることになる。それは文教政策の所轄官庁である文部省、あるいは教育の重要課題を審議するために設けられた中教審ではなく、頭越しに総理大臣の諮問機関として「臨時教育審議会（臨教審）」を設置するというこれまでにない異例の方式であり、ここに財界に後押しされた政権党のつよい関心と意気込みがあらわれていた。しかも総理大臣に直属する教育改革のための組織は、この臨教審をはじめとして、以後、「教育改革国民会議」、「教育再生会議」とつづくことになり、そのつど教育は、「経済のしもべ」としての役割を負わせられることになるのである。

一九八四年九月、中曽根康弘首相が内閣直属の組織として設置した臨教審は、「情報化、国際化、自由化という二一世紀にむけ、日本の経済的地位を確保するため教育をどう改革していくか」ということを基本的な問題意識としており、四つの部会を設置して討議し、一九八五年の第一次から八七年の第四次まで四回にわたって答申を出した。

郵便はがき

料金受取人払郵便

神田支店
承認

2326

差出有効期間
平成24年4月
1日まで

101−8791

507

東京都千代田区西神田
2-7-6 川合ビル

㈱花伝社 行

お名前《ふりがな》 お電話
ご住所（〒　　　　　） （送り先）

◎新しい読者をご紹介ください。

お名前《ふりがな》 お電話
ご住所（〒　　　　　） （送り先）

愛読者カード

このたびは小社の本をお買い上げ頂き、ありがとうございます。今後の企画の参考とさせて頂きますのでお手数ですが、ご記入の上お送り下さい。

書 名

本書についてのご感想をお聞かせ下さい。また、今後の出版物についてのご意見などを、お寄せ下さい。

◎購読注文書◎

ご注文日　　年　　月　　日

書　　名	冊　数

代金は本の発送の際、振替用紙を同封いたしますので、それでお支払い下さい。
（3冊以上送料無料）

なおご注文は　FAX　03-3239-8272　または
メール　kadensha@muf.biglobe.ne.jp
でも受け付けております。

当時、米国のレーガン大統領と英国のサッチャー首相により、新自由主義といわれる経済政策がすすめられていたが、これは国家による管理や介入を排し、できるかぎり市場（マーケット）の自由な調整にゆだねようとする経済思想であり、その信奉者である中曽根首相は、臨教審によって市場原理主義の考え方を公教育へ導入することをねらいとしていた。

具体的には、厳しい競争が展開される国際社会において、日本が経済的に先進国でありつづけるためには、これまでのような画一的で硬直した閉鎖的な学校教育では駄目である。そうした統制された教育システムからは創造的な精神の持ち主は生まれてこない。教育の領域においても規制緩和をすすめ、自由化し、もっと底辺まで競争原理・能力主義を徹底させることにより、日本の経済をリードできるような真のエリートが養成できるのだ、という論旨である。このことは、臨教審のなかで「二一世紀を展望した教育の在り方」を検討した第一部会によって主張されることになる。

これに対して、文部省と自民党文教族から異論が出された。文部省は、第一部会で批判される「画一的で硬直した閉鎖的な学校教育」の担当省であり責任を問われる立場であった。その立場からすれば、日本という国が国民的なまとまりを確保していくためには、教育においてとりまとめをする管理的な機能がどこかに担保されていなければならない。「国民的なまとまり」をどうするかが課題であり、それには「日の丸・君が代」に象徴される道徳教育を強化しなければならないという反論であり、これは「初等中等教育の改革」を分担する第三部会において主張された。

こうして臨教審の答申は、おおきく二つの方向をとることになる。

① 新自由主義の考え方にたって、教育改革の原理原則を「個性尊重」におき、少数のエリートを確保するために底辺まで競争原理を徹底しようとする方向

② 伝統的な国家観にたって「国民的まとまり」を確保するため、国旗・国歌に象徴される道徳教育を充実させようという管理主義的な方向

臨教審におけるこの二つの方向は、「教育改革国民会議」と「教育再生会議」に引き継がれていき、今日にいたるまで、わが国の教育改革の中核をなすものとなっている。

二〇〇〇年の教育改革国民会議についていえば、「人間性」をテーマとする第一分科会、「学校教育」をテーマとする第二分科会、「創造性」がテーマの第三分科が設置され、二〇〇〇年一二月に「教育を変える一七の提案」を含む報告が出されたが、この報告では、「これからの教育を考える視点」として次のことが述べられている。これが臨教審の二つの方向性と共通することは容易に見てとることができるだろう。

(1) 戦後の教育で大事にされた平等主義は、たえず一律主義、画一主義に陥る危険性をはらんでいた。同時に、他人と同じことをよしとする風潮は、新しい価値を創造し、社会を牽

引するリーダーの輩出を妨げる傾向すら生んできた。

(2)　自分自身を律し、他人を思いやり、自然を愛し、個人の力を超えたものに対する畏敬の念を持ち、伝統文化や社会規範を尊重し、郷土や国を愛する心や態度を育てるとともに、社会生活に必要な基本的な知識や教養を身に付ける教育は、あらゆる教育の基礎に位置づけられなければならない。

また、二〇〇六年一〇月に安倍晋三首相が設置した教育再生会議は、そもそも設置する必要があるかどうかについて当初から疑義があった。教育改革国民会議のメンバーであった藤田英典氏（当時東京大学教授）は、「教育改革国民会議で『教育を変える一七の提案』が出され、それにもとづき文科省が『新生教育プラン』を実施している現在、プランに賛成か反対かはともかく、その検証をおこなうこともないまま、再度、同種の会議を設けることに何の意味があるのか」と疑問を投げかけていた。

実際に、二〇〇〇年教育改革国民会議と二〇〇六年教育再生会議の設置の趣旨を比較してみても、そこにはほとんど差異はなく、皮肉をまじえていえば、教育改革国民会議が「教育の基本に遡って今後の教育のあり方を検討する」としているのに対し、教育再生会議では、「教育の基本にさかのぼった改革を推進する必要がある」としているように、単に「サカノボル」が漢字か平仮名かの違いしか見あたらない。そこをあえて、ときの首相が閣議決定のうえ内閣官房に教育再生会議を設置した背景には、それ相応の思い入れがあったということだろう。

教育再生会議は一〇月一八日に一回目の会議が開かれ、一〇月二五日の二回目の会議において次の三分科会をおくことが決められた。

第一分科会「学校再生分科会」――学力向上、教員免許更新制度、学校評価・学校選択…

第二分科会「規範意識・家族・地域教育再生分科会」――心の教育、伝統文化の教育、規律…

第三分科会「教育再生分科会」――産業界を含めた公教育支援、教育バウチャー制度…

各分科会は二週間に一回の割合で会議を開催し、二〇〇七年一月に第一次報告を出し、最終報告を二〇〇八年一月に提出した。最終報告は、前年の九月に安倍首相が政権を放棄したため、後任の福田康夫首相が受理している。

教育再生会議の論議がどのようなものであったか、それをよく示しているのは第二次報告である。報告書は、一七ページの本文と資料からなっており、「はじめに」において「目指す人間像」が述べられている。

（前略）グローバルな大競争時代に必要な最先端の「知」を生み出し、イノベーションを起こせる人材の養成や、国際社会で活躍できるリーダーを育成することにも力を注がなければならないと考えています。

そのため、「Ⅰ」として「学力向上にあらゆる手立てで取組む」ことを掲げ、「ゆとり教育」を見直すための具体策として、「授業時数一〇％増のため夏休みや土曜日の活用」、「教科書の分量を増やし質を高める」、「教員評価を踏まえたメリハリのある教員給与体系の実現」、「全国学力調査結果の徹底的検証」、「学校選択制の拡大」などを提言に盛り込んだ。

また、「Ⅱ」において「心と体――調和のとれた人間形成を目指す」ことを掲げ、「すべての子どもたちに高い規範意識を身につけさせる」ため、「徳育を教科化し、現在の『道徳の時間』よりも指導内容、教材を充実させる」ことを提言している。

こうして教育再生会議も、これまでの臨教審と教育改革国民会議の基本的なスタンスを踏襲することになるのだが、さらに教育再生会議に特徴的なこととして、報告書に見られる表現上の問題を指摘しておかなければならない。それは、「社会総がかりで…」、「あらゆる手立てで…」、「徹底的に検証し…」といった言い方のことである。この種の口調には、それを語る者の押し付けがましさがにじみでてくる。二〇〇六年一二月の教育基本法の改正につづき、二〇〇七年六月に地方教育行政法などいわゆる教育関連三法が改正されたが、そのとき安倍首相は「成立によって、教育現場を一新していく、そして教育新時代を切り開いていきたい」と述べていた。教育現場には小中学校にかぎっても一〇五五万人の児童生徒と六七万人の教師がいる。その教育現場を「一新していく」という物言いにも、権力の座にあるもののおごりが感じられる。総じて教育再生会議の論調には、このような設置者の意向を受け、高いところから下へ向け指図する権力的な姿勢がうかがえるのである。

三度にわたる国の教育改革関係会議を振りかえってあらためて思うことは、一九六〇年代に宮原教授や大田教授が指摘していた社会の退廃と教育の荒廃の状況がすこしもかわっていないということであり、教育が「経済のしもべ」の地位に押しやられ競争原理が徹底されるにしたがい、児童虐待や自殺など憂うべき状況はさらに深刻になっていることである。わが国では一九九八年以来連続で年間三万人を超える自殺者を出していることはよく知られているが、児童虐待についても深刻な状況にあり、二〇〇九年度の児童虐待相談件数は四万四二一一件で、統計をとりはじめた二〇〇二年度と比較すると四〇倍を超えている。

ここでもういちど、「夜回り先生」である水谷修氏へもどってみよう。

目の前でお年寄りがカバンの中身をぶちまけてしまったら、とっさに駆け寄り拾ってあげるでしょう。幼い子が道で転んで泣いていたら、そっと手をさしのべ抱き起こしてあげるでしょう。それができるのが、その場に自分しかいなかったら、まさに自分が必要とされれば、みんなすすんで人を助けようとする。そういう素晴らしい心を、本当は誰もが持っているんです。そんな優しさを忘れてしまうほど今、社会は憎しみにあふれています。会社で上司に「なにやってるんだ」と怒鳴られた父親が、家に帰って「まだ風呂が沸かないのか」と妻にあたる。夫に怒鳴られた母親が「こんなひどい点数をとって」と子どもにあたる。傷ついた子どもが夜の街に出かければ、父親が「お前の教育のせいだ」と妻にあたる。自分のことが原因で両親が喧嘩している姿を見て、子どもはさらに家に帰るのが怖くなる。こんなふうにあらゆる場所に憎しみが連鎖し、互いを傷つけ合っているんです（『夜回り先生のねがい』サンクチュアリ・パブリッシング、二〇〇七年）。

経済至上主義の社会のなかで、私たちの人間関係は分断され、人々は孤立し、たがいに競争による敵対関係にさらされている。経済をなによりも上位に位置づける社会は、こうした方向をひた走ることになり、水谷氏が訴えるやさしさやぬくもりからますます遠ざかることになる。

それにもかかわらず、二〇〇八年三月二八日に告示された新学習指導要領は、教育再生会議の結果を受けて「ゆとり教育」に別れを告げ、「学力向上」を掲げて教育現場に競争原理を徹底させる役割を担うことになった。その経緯はどのようであったか見ることにしよう。

3　「ゆとり教育」とその批判——学習指導要領の変転

「ゆとり」という言葉が最初に登場したのは、一九七七年の学習指導要領においてである。「受験地獄」や「落ちこぼれ」といった荒れた教育現場をあらわす言い方は、一九六〇年代初めから七〇年代半ばにかけての高度経済成長の時代に生まれている。現在、われわれはいまだ学歴社会を克服したとはいえない状況にあるが、そのころの社会の意識には、学歴を過大に評価する傾向が圧倒的であった。社会に出てよい仕事に就くには学歴がもっとも重要であり、よい大学にはいることが何より大切であって、そのためには試験につよくなければならず、その後の人生は受験にすべてがかかっている、という学歴信仰である。

大学への進学率は、一九五〇年に六・二%、六〇年に一〇・三%であったものが、七〇年には二三・六%、八〇年には三七・四%と急増している。一九七〇年代の後半には受験産業は隆盛を迎え、「勉強は塾」、「学校はいねむりとおしゃべりをするところ」といったダブル・スクール現象が進行していく。八〇年代になると、テスト中心の子どもの世界に校内暴力、いじめ、細密化する校則、それにつれて増える登校拒否といった荒廃した現象が生じることになる。こうした中で一九七七年の学習指導要領改訂の際、教育課程審議会が「ゆとり」という考え方を打ち出した。

学習指導要領は、一九四七年が第一回であり、以後五一年、五八年、六八年、七七年、八九年、九八年、二〇〇八年と改訂されてきた。二回目の五一年版は、一回目の四七年版の一部改訂で、それを別にすればほぼ一〇年間隔で改訂されてきたことになる。教育課程審議会は学習指導要領を検討することを目的に設けられた文部省の審議機関で、学習指導要領はその答申にそって改訂されてきたが、この組織は二〇〇一年一月の中央省庁再編にともない、現在は中央教育審議会の初等中等教育分科会へ統合されている。

七七年の改訂にあたり、前年の一二月に教育課程審議会から出された答申には「ゆとりのあるしかも充実した学校生活が送れるようにすること」が明記され、この答申を受けた新しい学習指導要領では、授業時数を一割削減し、教育内容も算数・数学や理科を中心に二、三割削減するという方向がだされた。「ゆとり」を重視するこの方向は、つめこみ、知育偏重、「過密ダイヤ」、受験地獄などといった教育現場の実態が知られていたこともあって、世論の広い支持を受けながら、小学校では一九八〇年度から、中学校では一九八一年度から実施されていった。

しかし、すでにそのころ、学校内での暴力事件が急増しており、一九八〇年に発生した事件にかぎってみても、東京都葛飾区の中学校では生徒一〇数人が教師六人に暴力をふるい男子生徒五人が現行犯逮捕され、三重県尾鷲市の中学校では二〇数人の生徒が教師一〇数人に暴行したため五〇人の制服警官が出動するというように、教育現場は深刻の度合いを増していた。家庭内での暴力が目立つようになるのもこのころからで、川崎市のエリートサラリーマン夫婦が二浪中の次男に金属バットで殺害されるという事件は、学歴社会に内在する闇の部分を世間に知らしめるものであった。「いじめ」についても、一九八六年の東京都中野区の中野富士見中学校における事件、すなわち二年生の生徒がいじめを受けたことにより岩手県盛岡駅の駅ビルのトイレで首吊り自殺をするという痛ましい事件などを経て、二〇〇五年の北海道滝川市の事件、二〇一〇年の群馬県桐生市の事件と、今日まで途切れずに連綿と続いている。

このころの事件のなかでとくに象徴的であったのは、戸塚ヨットスクール事件である。一九八三年六月一三日、愛知県にある戸塚ヨットスクールの戸塚宏校長とコーチ二名が愛知県警によって逮捕された。しごき教育による傷害致死容疑であったが、その後の取調べで訓練生三人が死亡、二人が行方不明、その上多くの自殺未遂者や重傷者を出していたことが判明し、しごき教育の非人間性が明るみにでた事件であった。首謀者の戸塚校長は情緒障害児の治療にはしごき（スパルタ）教育が効果的であるとテレビのワイドショーなどで述べていたが、けっして教育とみなすことのできない粗暴な考え方や行動が、わが国の社会では「教育」という名のもとに公然と登場していたのである。

学習指導要領との関連において、「ゆとり」がふたたび取り上げられたのは一九九六年の中央教育審議会第一次答申においてである。この答申は「二一世紀を展望した我が国の教育の在り方」として、「子供に〈生きる力〉と〈ゆとり〉を」という方向を次のように明確に提示したものであった。

我々大人一人一人が子供たちをいかに健やかに育てていくかという観点に立つと同時に、子供の視点に立って審議を行い、今後における教育の在り方として、〈ゆとり〉の中で、子供たちに〈生きる力〉をはぐくんでいくことが基本であると考えた。（中略）

今、子供たちは多忙な生活を送っている。そうした中で〈生きる力〉を培うことは困難である。子供たちに〈ゆとり〉を持たせることによって、はじめて子供たちは、自分を見つめ、自分で考え、また、家庭や地域社会で様々な生活体験や社会体験を豊富に積み重ねることが可能となるのである。（中略）

子供たちに〈生きる力〉をはぐくんでいくためには、子どもたちに〈ゆとり〉を持たせるだけでなく、社会全体が〈ゆとり〉を持つことにより、はじめて、学校でも家庭や地域社会でも、教員や親や地域の大人たちが〈ゆとり〉を持って子供たちと過ごし、子供たちの成長を見守り、子供たち一人一人と接することが可能となる。こうした社会全体の〈ゆとり〉の中で、子供たちに〈生きる力〉をはぐくんでいくことができるのである。

このような、「〈ゆとり〉のある教育環境で〈ゆとり〉のある教育活動を展開する」ことを強調した答申を受け、一九九八年版学習指導要領は、次の三点を改革の具体策として掲げることになる。

① 完全学校週五日制の実施とそれにともなう教育内容の厳選（いわゆる三割削減）
② 教育の多様化・個性化、選択制の拡大
③ 「総合的な学習の時間」の新設など体験的な学習や問題解決的な学習の重視

だがしかし、この学習指導要領に対しては、実施に移される前から厳しい批判の声が高まっていた。中教審の答申の中にも、また学習指導要領においても、仔細に見れば「ゆとり教育」という表現は一度も用いられていないのだが、新しい学習指導要領による教育は「ゆとり教育」であり、「学力の低下を招くのではないか」という批判が、マスコミなどから澎湃として生じたのである。「教育内容の厳選」は誇張して伝えられ、大手学習塾による「円周率を3にした」といった事実に反するネガティブ・キャンペーンもあって、文科省は押し寄せる学力低下の喧伝に対応を迫られることになった。

対応策のひとつは、「確かな学力」を確保するという「学びのすすめ」によるアピールである。新たな学習指導要領が学校現場で実施に移されるのは小・中学校ともに二〇〇二年四月であったが、その直前の一月、文科省は「学びのすすめ」を出し、少人数指導や習熟度別指導などをとおして「確かな学力」を確保できるようにするという立場を明らかにし、教育委員会や学校関係者に適切な措置を文書で要請したのである。

さらに、二〇〇三年一二月、文科省は学習指導要領の一部改正をおこなった。それは、「確かな学力」を育成するため、学習指導要領に示されていない内容であっても指導することができることを明示したものであった。つまり、学習指導要領の範囲を超える発展的内容を教えることを可能にしたのである。

「学びのすすめ」も「学習指導要領の一部改正」もかつてないことであり、こうした文科省の対応はまったくの異例であった。とくに、学習指導要領の位置づけについて、従来から文科省が主張して譲らなかった「基準性」を事実上緩和しなければならないほど追い込まれたことは、批判の程度がいかに強力であったかをあらわしている。

それほど激しい「ゆとり教育」批判が生じた背景には、当時のわが国の閉塞的な経済状況があった。低迷する経済のもとで、サラリーマンのリストラとか大学生の就職の超氷河期といった痛みをともなう現象が蔓延しているときであり、グローバリゼーションが進むなかで民間企業は熾烈な競争をしいられ、しかも中国やインドなど新興国が経済的な力をつけてきているときに、どうして「ゆとり」などといったのんきなことをいっているのかという、ある種のヒステリックな雰囲気が社会全体を覆っていたことが背景にあった。

また、京都大学の経済学の教授らが、大学生の算数・数学の学力を調査し、分数の計算ができない大学生が出現してきたという結果を発表し、それをマスコミが大きく取り上げたことも影響していた。理論経済学が専門の西村和男教授は、他の教員とともに一九九八年四月、国内一九の大学の協力をえて約五千人の大学一年生の算数・数学の学力調査をおこなった。「9分の8」から「5分の1」と「3分の2」をマイナスするという計算を間違えた学生が、私立の最難関校のひとつとされる大学の文系学部で一〇％以上もいて、しかも簡単な小学校の計算問題五問をすべて正解したものは七〇％をきっていた。この大学と並ぶ難関校の私立大学の文学部でも同じような結果であった（『分数ができない大学生』東洋経済新報社、一九九九年）。九九年八月一日の『日本経済新聞』で、西村氏はこう述べている。

算数と数学を選んで調査したのは結果が分かりやすいからであり、学力低下は数学だけでなく全科目に及んでおり、なかでも基礎学力すなわち「読み・書き・そろばん」の能力が低下していることの影響は大きい……。

さらに西村氏グループは二〇〇〇年に、理工系の大学生四千人を対象に調査したところ中学・高校レベルの数学が満足に解けない学生が多いことを発表したが、こうした調査結果に対して、大阪大学の志水宏吉氏は『学力を育てる』のなかで、「そもそもこのたびの学力低下論争の発端は、『大学生の学力低下』という大学教員からの告発にあったわけであるが、一部の大学生の問題を、小中学生の全般的な学力低下に結びつけて論じる姿勢は乱暴なものと言わざるをえない」などと批判している。

しかしマスコミは、西村教授らの調査結果を大きく報じ、わが国の大学生、さらには小・中・高の児童生徒の学力はだいじょうぶなのだろうか、学力が全体的に低下しているのではないかという不安が社会的に広まっていったわけだが、それがいわば社会現象として頂点に達するのは、ＯＥＣＤの「対日経済報告書」のところでふれた「ＰＩＳＡ２００３」であったといえる。

ＰＩＳＡ２００３の結果を再掲してみよう。

	ＰＩＳＡ２００３	ＰＩＳＡ２０００
数学的リテラシー	六位	一位
科学的リテラシー	二位	二位
問題解決能力	四位	―
読解力	一四位	八位

「問題解決能力」は二〇〇三年の調査に限って特別に追加されたテストである。読解力を別にすればいずれも首位グループに位置しているが、読解力だけは前回の五二二点から二四ポイント

落ち込み四九八点で、平均点の五〇〇点を二点下回る結果となっている。これが発表となった二〇〇四年一二月七日の新聞は、各紙とも一面のトップで「学力大幅低下」など刺激的な見出しで報じた。

ＰＩＳＡは二〇〇六年にも実施されたが、そのときの報告書でＯＥＣＤは、日本の状況についてわざわざこんな注釈を付け加えている。

二〇〇〇年と二〇〇三年の間に、日本の読解力の成績が大幅に低下したように見えるが、これは主に読解力テストの定義が変わったためである。したがって、読解力テストにおける日本の相対的順位が下がったと言うことはできるが、日本の読解力の成績が絶対値として下がったと安易に結論づけることはできない（ＰＩＳＡ二〇〇六調査第一回結果発表、二〇〇七年一二月四日）。

ＰＩＳＡの実施主体であるＯＥＣＤが「安易に結論づけることはできない」と指摘しているにもかかわらず、わが国では、参加国のなかでの順位がいくつ下がったとか、点数が前回と比べて何点下がったといったことに目が奪われていたのである。そのため、本来ここで問題とされるべき「できる子」と「できない子」との二極化には考えがいたらなかったことは、マスコミの報道のあり方にも問題があり、それを安易に受け入れる社会の体質の問題でもあった。

ＰＩＳＡ２００６の結果についても、たとえば『朝日新聞』は「応用力日本続落　数学六↓一〇位　科学二↓六位　読解力も一四↓一五位」というような学力不安をあおる見出しであったが、しかしこのころになると、社説においては二〇〇三年のときの異常な高揚とは異なり、左記のように一定の分析的な記述もなされるようになった。


今回の結果からは、日本の子どもの特徴について二つのことがいえる。

まず、フィンランドなどの上位国と比べると、学力の低い層の割合がかなり大きいことだ。

この層が全体を引き下げている。……できる子とできない子の二極化が深刻な問題と指摘されてきたが、底上げの大切さが改めて示されたわけだ。

もうひとつは、科学では、公式をそのままあてはめるような設問には強いが、身の回りのことに疑問を持ち、それを論理的に説明するような力が弱い、ということだ。


ＰＩＳＡの三回の調査において、日本の成績は、科学的リテラシーが「二位↓二位↓六位」、数学的リテラシーが「一位↓六位↓一〇位」、読解力が「八位↓一四位↓一五位」と順位を下げている。調査に参加した国の数が増えているので順位が下がったことがそのまま学力の低下に結びつくわけではない。だが、日本の平均点を見ても、科学的リテラシーは「五五〇↓五四八↓五三一」、数学的リテラシーは「五五七↓五三四↓五二三」、読解力は「五二二↓四九八↓四九八」

であり、いずれも低下傾向にあるのだ。このことについて、東京大学教授であった苅谷剛彦氏（現オックスフォード大学）は、「一体この六年間で、義務教育を終えたばかりの日本の生徒たちに何が起こったのだろうか」という問題意識のもとに、新聞報道ではほとんど触れられていない「家庭環境（親の学歴や職業）」の影響という点にしぼって分析を試みている。

親の学歴については〇三年から〇六年にかけてその影響力が強まる傾向があり、親の職業についいては、二〇〇〇年と比べるとその影響が強まっている傾向が見られた。つまり、二〇〇〇年以降、ＰＩＳＡで把握された科学、数学、国語の応用力への階層の影響が強まっている兆しが確認されたということである。（中略）

教育についての階層差や格差の問題は、いまではたびたび指摘される問題となっている。それでも、こうして調査の結果を経年で比べてみると、改めて、この問題の深刻さを確認できる。ここから浮かび上がってくるのは、ランキングを気にする見方では見えてこない、日本の社会の問題点である（『教育再生の迷走』筑摩書房、二〇〇八年）。

志水氏や刈谷氏が指摘しているように、わが国の教育政策の課題は、学力の二極化に対してどのように対策を講じるかであり、成績が下位の児童生徒をどのようにして支えるかでなければならない。しかし、すでに社会に蔓延する学力低下不安と、その元凶は「ゆとり教育」であり「ゆとり教育」は「ゆるみ教育」だとする非難におされ、二〇〇八年版学習指導要領は「ゆとり教育」批判を回避する方向で検討され策定されていった。新学習指導要領は、いわば「ゆとり教育」批判の申し子であるといってもいいすぎではない。

中央教育審議会は、二〇〇七年一〇月三〇日、新学習指導要領改訂についての「中間報告」として「審議のまとめ」を発表したが、ここでは、『ゆとり教育』による学力低下を反省」し、小中学校では主要教科の授業時間を一割以上増やす一方で、現行学習指導要領から導入された総合的な学習の時間を削減するなど、「ゆとり教育」からの完全撤退の方針を打ち出している。

また、二〇〇八年一月一七日の答申では、五項目にわたって具体的な反省点を述べているが、これは前代未聞のことであった。

①　「生きる力」について、文科省と学校関係者、保護者等の間に共通理解がなかった。
②　子どもの自主性を尊重するあまり、教師が指導を躊躇する状況があった。
③　「総合的な学習の時間」と各教科の段階的つながりが乏しかった。
④　授業時数が十分でなかった。
⑤　家庭や地域の教育力の低下への対応が十分でなかった。

こうして新学習指導要領では、小学校六年間で現行の五三六七時間が二七八時間増えて五六四五時間に、中学校では三年間で二九四〇時間が一〇五時間増えて三〇四五時間となり、総合的な学習の時間は削減、中学校に開設されていた選択の授業はほとんど廃止、その分、国語、算数・数学、英語などの主要教科と体育が増えることになった。

中教審の答申では、「詰め込み教育」への転換ではなく、「ゆとり」か「詰め込み」かという二項対立ではないという点をことさら強調しているが、審議の経過を含めて考えれば「脱ゆとり教育」であることはだれの目にもあきらかである。先に見た教育再生会議の意向にそって、学力向上のために、あらためて教育現場に競争原理を徹底することが目指されることになるのではないか、そんな懸念を払拭することができないのである。

4　競争原理の教育現場

競争原理は、教育現場にどのような影響を及ぼしているのだろう。学力における格差としての二極化についてはすでに見たとおりだが、ここでは全国学力テストについて検討し、「不正の誘発」と「自尊感情の減退」という問題を取り上げることにする。

文科省は、新学習指導要領の改訂作業とともに二〇〇七年度から「全国学力・学習状況調査」

を実施しているが、この全国学力テストも、ＰＩＳＡ２００３の結果などによる学力低下不安をきっかけとしてはじめられている。第一回は対象が全国の小学六年生と中学三年生の二三三万人、科目は国語と算数・数学の二教科で、二〇〇七年四月二四日におこなわれた。

全国学力テストは、抽出調査ではなく悉皆（全数）調査であるところにこのテストの特質を指摘することができる。一定の学年で児童生徒が学習目標にどの程度到達しているかを把握するには、抽出調査で十分に対応できる。それを悉皆で実施することにしたのは、教育現場に競争意識を持たせることがねらいのひとつということである。愛知県犬山市の教育委員会では、競争原理の導入になるとして参加を見送っている。

日本経団連は、財界を代表して教育について積極的な発言をしているが、なかでも二〇〇六年四月に出された「義務教育についての提言」には、教育に関する経済界の主張がはっきりあらわれている。四月一八日に当時の奥田碩会長が発表し、四月二七日付けの『日本経団連タイムス』（二八一一号）に掲載されたもので、次の三点からなっている。

①　学校選択制の全国的導入――学校選択制導入の目的は「選ばれる学校」に向けた〝切磋琢磨〟を促進することにある。学校選択制の全国的導入に向けて、現行の学校教育法を改正すべきである。

②　学校評価――学校選択の際の参考材料を提供するため、学校の取組みを比較検証できる

ようにし、保護者や児童生徒も評価に参加すべきである。また、来年度から実施予定の全国学力調査の結果を学校ごとに公表すべきである。

③　教育の受け手の選択を反映した学校への予算配分——現在の学校への予算配分は「教育の質」や「満足度」が考慮されていない。予算面でも教育の受け手の評価が反映されるよう、学校への予算を児童生徒数に応じて配分すべきである。

全国学力テストの導入について、文科省は「全国的な児童生徒の学力や学習状況の把握分析」、「学校における児童生徒への教育指導の充実や学習状況の改善」などを目的にうたっているが、しかしそれだけの目的であれば、繰り返しになるが抽出調査で十分可能である。悉皆調査として実施したということは、教育現場を競争関係におくことも目的のひとつだということになる。経団連の提言は「全国学力調査の結果を学校ごとに公表すべきである」と述べているが、それは都道府県間や市区町村間の地域間競争はもとより、学校間でテストの結果を競い合うことを期待してのことである。学校間でテストの結果を競うことは、校内の学級間で競うことでもあり、さらに学級の児童生徒間、担任同士の教師間の競い合いへとつながる。

一九六〇年代にも、同じような悉皆型の学力調査があった。一九六一年一〇月、文部省は中学二・三年生を対象に全国一斉学力テストを実施している。教育学者の山住正己氏（元東京都立大学学長）は『日本教育小史』（岩波新書、一九八七年）で、次のように述べている。

その具体的目標として、「優れた人材の早期発見」が一度は示されたが、露骨にすぎるとされ、表面的には学習到達度と教育諸条件との関連を明らかにし、学習指導改善の資料にするという目標に改められた。そうであれば抽出調査で十分である。（中略）

このテスト実施は教育現場に退廃をもたらした。とくに都道府県別の平均点第一位の香川と、香川に追いつき追いこせを県教委自らがスローガンとした隣の愛媛では、テスト当日、教師が率先して不正をおこなったり（低学力の生徒を休ませるとか、正解を生徒に見せるなど）、授業進度を狂わせてまで試験範囲について授業を繰り返すなど、目に余るものが（あった）。

東京大学の宗像誠也、梅根悟教授らによる「香川・愛媛学力調査問題学術調査団」の報告や全国連合小学校長会による「テスト中止の要望」もあり、文部省は一九六四年をもって全国一斉学力テストを中止し、翌六五年からは二〇％の抽出調査とした。

今回ふたたび実施された全国学力テストでも広島県内などで不正が報告されたが、競争原理が教育現場をゆがめる典型的な事例は、東京都足立区の場合である。これは東京都の学力調査と足立区独自の学力調査においての不正であった。

事件の発端となったのは、二〇〇四年二月におこなわれた東京都のテストである。都は、都内の小学五年生と中学二年生の全員を対象に学力テストを実施し、成績を市区町村別に公表した。足立区は都内二三区のなかで最下位であった。「足立区は学力が低いんだ」、「どうせおれたちは足立区だから」といった言葉が子どもたちの口から飛び出るようになったという。

都の学力テストは、続いて二〇〇五年一月におこなわれることになっていた。足立区の教育委員会は、テスト実施の一月前の二〇〇四年一二月二一日に、区教育研究所（現在の区教育相談センター）に区立小中学校の校長を招集し、試験問題の一部を封筒に入れて配付したのである。小学校では四教科中の国語と算数、中学校では五教科中の国語、数学、英語である。足立区教委の担当者は、「よく学習してください」、「先生たちに見せてください」、「扱いはまかせます」などと伝えたという。このことを報じた二〇〇七年九月一一日の『読売新聞』によると、その席上で「一部の校長から（テスト問題漏えいとの）誤解を招くとの批判が出たため、区教委は都教委と相談のうえ、当日の夕方、秘密保持・漏えい防止の措置をとるよう文書で通知した」という。校内の金庫など鍵のかかるところへ保管するように、との指示であり、試験問題はテスト終了後に回収された。

足立区は、「学力向上策」の一環として二〇〇五年度から区独自の学力調査を導入したが、ここでも不祥事が発覚している。二回目の二〇〇六年四月、区内の西部にある小学校の校長と教員五人がテスト中に児童の答案を見て回り、誤答を指で示すなどして正答へ誘導するという不正である。この小学校ではさらに、障害のある児童の成績を保護者の了解を得ずに集計から除外するとともに、禁止されている前年度の問題をコピーし児童に繰り返し練習させるという行為も発覚した。同校は、区内七二校の小学校の中で前年度四四位であったが、一位に急伸している（不正発覚後の二〇〇七年度には五九位へ急落した）。

不正行為を犯してまでテストの結果にどうしてこれほど執着するのか、それは、学力テストの成績が学校別に順位をつけて公表されるからであり、テストの成績の伸び率が学校への予算の配分に反映されるからである。足立区教委は、二〇〇六年秋に、学力テストの結果で学校を四段階にランク分けして予算を配分する方針を決定していた。この方針はつよい非難を受け撤回されたが、前年度のテスト結果の伸び率については予算配分の際に反映させていた。また、学校選択制が二〇〇二年度から導入されており、教育現場はつねに競争をあおられる状況にあった。

足立区での不正事件の背景をまとめると、

①　学校選択制が導入されていること
②　学力テストの結果が学校別に公表されること
③　テストの成績が学校予算に反映されること

の三点となるが、これは経団連による二〇〇六年の「義務教育についての提言」とほとんど異なるところがない。

その後、区教委では調査委員会を設置して再発防止策を検討し、学力テストは継続するが、結果を公表することはやめて短評などで多角的に示す方式に改めること、テストの伸び率について予算査定の基準から除外すること、などを決めた。

このような教育現場での不正とともに、日本の子どもたちが自尊感情・自己肯定感を失っていることは、より深刻な問題である。

まず、ユニセフ（国連児童基金）が二〇〇七年二月一四日に発表した研究報告書を見ることにしたい。これは「先進国における子どもの幸せ」というタイトルで、当時ＯＥＣＤに加盟している三〇か国中の二一の国を対象に、各国の子どもの幸せを包括的に捉えようとした試みである。イタリアのフィレンツェにあるユニセフ・イノチェンティ研究所がおこなったもので、様々な国際調査の結果や主要国の調査を参考に、①物的状況、②健康と安全、③教育、④友人や家族との関係、⑤日常生活上のリスク、⑥子どもや若者自身の実感、という六つの側面から子どもの幸せをはかり、比較している。

高い評価を得ているのは、オランダ、スウェーデン、フィンランドで、反対に評価の低い国としては、米国が二〇位、英国が最下位の二一位である。ＯＥＣＤ三〇か国のうち、日本など九か国はデータが不十分なため順位には含められていないが、日本についてはいくつかの項目で部分的に結果が紹介されている。そのうちのひとつ、「⑥子どもや若者自身の実感」のなかで「疎外感」について分析した箇所があるが、なぜ日本の子どもはこれほど孤独でなければならないのか、考えさせられる内容となっている。「居心地がわるい」、「孤独である」、「よそ者のような感じだ」などの疎外感は、子どもが「自分は社会的に排除されている」と認識することであり、子どもの生活の質、つまり幸せかどうかに重大な影響を及ぼす。そこで調査では、

ⓐ　学校ではよそ者だ（またはのけ者にされている）と感じている
ⓑ　学校は気おくれして居心地がわるい
ⓒ　学校では孤独を感じている

という三点についてたずねた結果を集約している。ほとんどの国でそのように感じたり思ったりしている子どもの割合は五％から一〇％程度であるが、日本では、ⓐが六％、ⓑが一八％、ⓒが三〇％であり、「孤独を感じる」子どもの割合は突出している。これについて報告書では、「調査の際に日本語への翻訳に何らかの問題があったのか、あるいはこの国についてはさらに調査する何らかの必要性を示しているのか、それともその両方を意味しているのか」としているが、わが国の教育関係者にはこの結果について、思いあたることがあるのだ。

ベネッセ教育研究所が、一九九五年一〇月から九六年六月にかけて、六か国の都市の子どもを対象に「国際子ども調査」をおこなったことがある。東京、ソウル、北京、ミルウォーキー、オークランド（ニュージーランド）、サンパウロ（ブラジル）の一一歳（小学五年生）の子ども

四六二三人を対象とする調査である。このなかで、「子どもの自尊感情にかかわる状況」を国際比較するために「自己評価」と「将来の見通し」をたずねた。

「自己評価」とは「あなたはどんな子どもですか」という趣旨の問いかけであり、具体的には次の七項目の質問をしているが、これらの質問に「とてもよくあてはまる」と回答した子どもの割合は、東京と他の五都市の平均（％）で次のようになっている。

	東京	五都市
① スポーツのうまい子	一七・七	三八・八
② よく勉強ができる子	八・四	二六・二
③ 友だちから人気がある子	九・八	二七・八
④ 正直な子	一二・〇	四三・七
⑤ 親切な子	一二・三	四四・七
⑥ よく働く子	一四・三	四五・一
⑦ 勇気のある子	一九・〇	四二・二

また、「あなたはどんな大人になるのですか」という意味の「将来の見通し」では、六項目の質問が用意されたが、これに「きっとそうなれる」と回答した子どもの割合は次のようだ。

	東京	五都市
①みんなから好かれる人になる	一〇・五	三八・〇
②幸せな家庭をつくる	三八・六	七〇・一
③よい父（母）親になる	二一・一	六七・七
④仕事で成功する	二〇・六	五一・三
⑤お金持ちになる	一二・三	二七・六
⑥有名な人になる	一一・八	二六・一

一一歳の東京の子どもが、このように自尊感情に乏しく自己肯定感が低いことに、関係者は一様に驚いた。文化人類学が専門の上田紀行氏（東京工業大学）はその著『生きる意味』（岩波新書、二〇〇五年）でこう述べている。

　愕然とさせられる結果である。自分が「友だちから人気がある」「正直だ」「親切だ」などと思っている子どもの何と少ないことか。また未来の自己イメージが何と暗いことか。「自分は大したことのない人間である」「私の将来もそんなに大したものではない」。一一歳の子どもたちにそんなふうに思わせてしまうような社会に私たちは住んでいる。そして、もちろんそれは子どもたちだけの問題ではない。子どもたちは大人の姿を映す鏡であり、それは私たち大人が作り上げている社会の問題なのである。

この傾向は、その後におこなわれた他の調査でも確認されている。財団法人日本青少年研究所が二〇〇八年九月から一〇月にかけて調査し、〇九年二月に発表した「中学生、高校生の生活と意識調査」では、日本と米国、中国、韓国との比較をしているが、ここでも「自己に対する認識」において、

・自分は人並みの能力があると思うか
・自分はダメな人間だと思うか
・自分の意思をもって行動できるほうだと思うか
・自分は将来に不安を感じているか

などの質問に対して、日本の中・高校生は、他の国にくらべ自分の能力への信頼や自信に欠ける結果が出ている。具体的には、「自分に人並みの能力があると思うか」について、「あまり思わない」「全く思わない」と答えた日本の生徒は、高校で四六・七%、中学で四五・六%であり、四か国でもっとも多くなっている（もっとも少ない米国では高校七・六%、中学六・三%）。「自分はダメな人間だと思う」の割合も日本が四か国中できわめて高く、「まあそう思う」「とてもそう思う」を合わせると高校で六五・八%、中学で五六・〇%となっている（米国では高校二一・

六％、中学一四・二％）。

これらの結果について、教育関係者のなかには「謙虚さとか控え目をよしとする日本の文化がまだ根強いのが一因」であり、また「日本の場合、他人と成績を比較してすぐに『自分は駄目だ』となる傾向もある。これは日本だけの特徴で、そのため諸外国と比べて自己評価が低くなっている。もっと自分に自信を持たせるような教育をすすめる必要がある」として「家庭でも学校でも、児童生徒をほめるようにすることが大切である」といった意見がある。しかし、そのようなことだけにとどまる問題ではない。

本来であれば、現在の自分や将来の自分をいろいろ思い悩みながら、夢や希望をつないでいくのが子どもである。その子どもが、日本においては極端に打ちひしがれている今日の状況は、すでに病的な現象を呈しているといわなければならない。東京都足立区などの不正事件も教育現場における病状のあらわれであるが、子どもが自信を失い自己の将来を描くことができないことは、それ以上に深刻な事態である。

経済至上主義、新自由主義、市場原理、競争原理、能力主義、成果主義、スピード主義などといったわが国の社会風土が、長期にわたって教育と子どもを著しくゆがめているのだ。ひたすら経済の維持向上に目を奪われた現在のわが国の社会は、それ自体が非教育的であり、一部にあっては反教育的であるということである。

5　イギリスとフィンランド

ユニセフの研究報告書「先進国における子どもの幸せ」において最下位であったのは英国であるが、英国はわが国の教育再生会議における教育改革のモデルであった。教育再生会議を立ち上げた安倍首相は、英国の教育改革を日本に導入することを念頭においていた。

英国は一九六〇年代から長期にわたって経済が停滞し、「英国病」という言葉が生まれていた。「鉄の女」と称された保守党のM・サッチャー首相は、一方で経済再建のため民営化や規制緩和を実施し、他方で経済が停滞しているのは「学力の低下」が背景であるとして教育改革を断行した。競争原理を学校現場に持ち込み、「学力の向上」を図ることにより経済を立て直すという針路である。

ロンドンで子育てをしているジャーナリストの阿部菜穂子さんは、次男のお子さんが四歳七か月から英語の読み書きや計算の特訓を小学校で受けたときは、「思わず目を丸くしたものである」と語っている。そうした体験をもとに、阿部菜穂子さんは『イギリス「教育改革」の教訓』（岩波ブックレット、二〇〇七年）などを著しているが、それは「教育と競争原理」について教示するところが多い。

教育改革の柱は、「義務教育に統一学力テストを導入し、テスト結果を公表することで学校を競争させ、親に好きな学校を選ばせるという市場原理を適用する」という仕組みである。そのために全国共通のカリキュラム（ナショナル・カリキュラム）を定め、二年生、六年生、九年生で全国統一のナショナル・テストを受け、一六歳で義務教育修了試験を受ける。学校の予算は、児童生徒数によって配分することとし、テストの結果が極端にわるい学校は、強力な権限をもつ政府の「学校査察機関」に「失格」の烙印がおされ廃校に追い込まれるという徹底ぶりであり、英国中の学校は生き残りをかけて「学力向上」のための取組みがはじまった。これは一九八八年にサッチャー首相が導入したシステムであるが、九七年に発足した労働党のブレア政権もこの政策を引き継ぐ。

九七年五月の下院の総選挙で圧勝したT・ブレアは、選挙の際に「政府の三つの優先課題をあげるとすれば、それは教育、教育、教育」と述べ、選挙演説を“education”を三度絶叫して締めくくるほど徹底していた。首相に就任して導入した施策は、すべての小学校で毎朝六〇分、計算と読み書きの時間を導入するという「計算能力・読み書き能力向上作戦」であり、阿部菜穂子さんが「目を丸くした」というのはこのことであった。また、ナショナル・テストの結果を、新聞各紙は毎年「全国成績上位二〇校」、「全国自治体ランキング」、「全国ワースト五〇校」など国民の好奇心を刺激する一覧表をつくり大々的に報道し、「人気校周辺の不動産価格は三割高騰、成績下位校は低所得者や移民難民家庭の地域に取り残された」という。

学力が向上したかどうかを、二〇〇〇年と〇六年、〇九年のＰＩＳＡの結果から見ると

	2000	06	09
数学的リテラシー	八位	↓　二四位	↓　二八位
科学的リテラシー	四位	↓　一四位	↓　一六位
読解力	七位	↓　一七位	↓　二五位

となっており、大きく低下している（二〇〇三年は英国の調査数が不足のため順位づけされていない）。

阿部菜穂子さんによると、「導入から二〇年経って、この改革がイギリスの公教育にもたらした負の側面は深刻さを増し、さまざまな弊害が明らかになったために、教育現場を信頼する体制の構築に向けて大きな修正が始まっている」。英国はイングランド、ウエールズ、スコットランド、北アイルランドから成るイギリス連合王国であるが、ウエールズと北アイルランドではすでにナショナル・テストが廃止され、スコットランドでも独自の学力評価体制が定着しつつあるとのことである。

北欧の小国フィンランドは、人口が五二〇万人、面積は日本よりすこし小さい三三万八千平方キロで、サンタクロースの故郷として有名であり、童話のムーミンや作曲家シベリウスでも知られている。阿部菜穂子さんは、英国とは反対に、ＰＩＳＡにおいてトップクラスの成績をあげ

「学力世界一」の評価を定着させたフィンランドを訪れたときの印象を、次のように述べている。

私は二〇〇六年一〇月、同国を訪問して教育制度を取材したが、常に「子ども」を中心に置き、学校と教師を信頼する教育風土は、市場の競争原理に基づく体制とはまったく違うものだった。フィンランドの公教育を支えているのは、「民族、性別、経済状態にかかわらず、すべての子どもに対し平等に質の高い教育の機会を与える」という教育哲学である。この哲学は、学校現場で見事に実践されていた。

フィンランドの大学院で学んだ経験のある堀内都喜子さんは、その著『フィンランド豊かさのメソッド』(集英社、二〇〇八年)において「学力一位のフィンランド方式」について紹介しており、フィンランドの小学校教諭リッカ・パッカラさんは『フィンランドの教育力――なぜPISAで学力一位になったのか』(学研、二〇〇八年)を書いている。これらを参照しながら、フィンランドの教育現場をのぞくことにしよう。

フィンランドの現在の教育システムを築いたのは、経済不況に陥っていた一九九四年、二九歳という若さの文部大臣オッリペッカ・ヘイノネン氏が「教育に投資することがフィンランドの未来を切り拓いてくれる」として大胆な教育改革を進めたことによるが、この改革でもっとも大きく変わったのは、次の二点であったという。

(1)　教師になる資格が大学卒から大学院での修士の取得に引き上げられた。

(2)　教育現場の学校や教師が裁量権を持てるようになった。

フィンランドでは、教師は伝統的に人気の高い職業である。安定性や長い夏休みなどの魅力もあるが、給料は仕事の厳しさや責任の重さに比べれば決して高いとはいえない。それでも人気があるのは、国民から尊敬された職業だからである。希望者は多く、大学で教職課程を履修する場合の入学条件や試験内容はかなり難しく、それをさらに修士号を教師の資格要件にしたことにより、教員の質は高いレベルにある。

また教育現場の裁量権についてだが、中央から地方へ裁量権が移譲され、同時に学校と教員に多様な決定権が移された。具体的には児童生徒に教える内容や教え方を教師が自分で決められるというもので、教材やカリキュラムも自分たちで選ぶのである。授業にどの教科書を使うかも教師が決める。

フィンランドの学校教育の特徴をさらに列挙してみよう。

(3)　義務教育は日本と同じく小学校は六年、中学校は三年だが、新学期は秋に始まる。

(4) 小学校へは基本的に七歳で入学だが、子どもの肉体的・精神的発達次第で一年早く、またはー年遅い入学もある。

(5) 学校は完全週五日制で、夏休みは二か月半、それに加えて秋休み、クリスマス休み、スキー休みがあり、通常の授業時数は日本と変わらず一日四～六時限だが、始業時刻は八～九時の間でクラスによって異なる。

(6) 年間標準授業時間数はOECDの調査国中でもっとも少ない。

(7) フィンランドには塾がなく、家庭教師に勉強をみてもらうこともない。

(8) 日本との大きな違いのひとつはクラスの規模であり、一学級の平均は二五人ほどである。

(9) 詰め込み式の勉強ではダメという考えがあり、問題意識をもって勉強に取り組むよう教えている。

(10) 私立の学校は存在しない。すべて公立であり、どの学校もほぼ一律に同じレベルとなるようにつとめていて、そのため生徒間や学校間に学力差がない。したがって、日本のような「できる子」だけがいるエリート校や「できない子」が集まる落ちこぼれの学校がなく、また学校内においても能力別にクラスを編成することをせず、クラスのなかでも「できる子」と「できない子」の学力差は大きくない。

PISA2003の「読解力」について、日本の場合は「レベル1未満」の子どもが七・四%

であり、ＯＥＣＤの平均六・七％を超えていることは大阪大学の志水宏吉教授による比較検討のところで見たが、フィンランドはこれが一・一％とＯＥＣＤ加盟国のなかでもっとも少ない。六段階の下位グループ（レベル１未満、レベル１、レベル２）と中上位グループ（レベル３、レベル４、レベル５）の分布では、日本が四対六であるのに対し、フィンランドは二対八となっている。「できない子」の割合が小さいことが、フィンランドをＰＩＳＡのトップにしているのである。

歴史や文化が異なる国と日本を単純に比較してあれこれ論じることは避けなければいけないが、しかし、英国で多くの欠陥が指摘され修正を余儀なくされている新自由主義教育を受けつぎ、競争原理に固執するわが国の教育と教育行政には問題があるといわねばならない。そうした方向ではない別な方向を考えるとき、フィンランドの教育は「もうひとつの道」を示す貴重な指標となるはずである。

なお、米国やフランス、ドイツなど欧米の主要国がＰＩＳＡで低迷している根拠として、それぞれの国内において移民の割合が高いことをあげる見解があり、フィンランドの場合はこれらの国々と異なって、人口が少ないうえ移民も少ない国であることが有利に作用しているのではないかとの指摘があるが、これは適切な指摘であると思う。移民や難民を積極的に受け入れ、そのため言語などの教育に重点的に取り組んでいる国が、そのことでＰＩＳＡの順位が低迷し学力の低い国であるとレッテルが貼られるとすれば、それはむしろ大きな誤りである。しかしここで問題としているのはそのことでなく、教育において競争を原理におくことで子どもの学力を伸ばすことができるかどうかの是非であり、健全な社会の維持と子どもたちの自己実現にとって競争原理の方向でよいのかということである。競争原理によって教育現場が疲弊し、弊害の克服が課題とされている英国と、それとは異なり、むしろその対極の教育によって実績を示すフィンランドについては、今後さらに、各種のデータにもとづき実証的に調査研究していくことが求められているといいえる。

6 「もうひとつの道」

二〇〇八年九月、米国の名門投資銀行とされていたリーマン・ブラザーズが連邦裁判所に倒産申請をして破綻し、世界中が金融危機、経済危機の嵐に見舞われた。そのときわが国では、「模範的」とされていた大企業が率先して非正規労働者を切り捨てたが、これは実に衝撃的であった。「派遣切り」で仕事や住まいを失った人たちが「年越し派遣村」などに詰めかけた年末年始の有様は、私たちの眼前に企業の本質をさらすとともに、宮本憲一氏が名づけた「企業国家」とはいかに底の浅い社会であるかを如実に示すものであった。

日経連（日本経団連の前身）は、一九九五年五月に「新時代の日本的経営」を発表している。

これは企業の雇用形態を、

①　長期蓄積能力活用型
②　高度専門能力活用型
③　雇用柔軟型

の三種類に分類し、「長期蓄積能力活用型グループ」は従来型の長期雇用を前提とし、管理職、総合職、技能部門の基幹職といった幹部候補生を想定している。「高度専門能力活用型グループ」は企画、営業、研究開発など専門部門の人材で、これは契約や派遣に任せる。「雇用柔軟型グループ」は一般職、技能部門、販売部門の人材で、パートやフリーターに任せていく、というものである。四年後の九九年、これに沿って労働者派遣法が改正され人材派遣が原則解禁となった。二〇〇四年にはさらに製造業まで派遣が解禁され、大量の労働者が身分の不安定な派遣の形で製造業の現場に流れこんでいった。「年越し派遣村」で私たちが目にしたのは、そうした派遣労働者の姿であった。

慶応大学教授で経済学者の金子勝氏は『閉塞経済——金融資本主義のゆくえ』（筑摩書房、二〇〇八年）のなかでこのように述べている。

日経連の「新時代の日本的経営」をきっかけに、労働法制の規制緩和が進んだため、雇用や所得にひどい格差ができてしまいました。雇用の面でも、正社員、非正社員の「身分」差

別がおこなわれると、それが社会的な階層格差につながります。（中略）
問題が深刻なのは、それが子どもたちの教育へと波及していくことです。たとえば困難校を卒業しても、いい就職口がない。どうせフリーターになるのだったら、中途で退学しても同じじゃないか、そっちのほうが楽しいじゃないか、という話になります。いったん低所得層に生まれて、いわゆる「困難校」に進学をしていく子どもたちは、「もういいや」と、インセンティブが最初から効かなくなってしまうのです。

ベネッセ教育研究所の「国際子ども調査」、日本青少年研究所の「中学生、高校生の生活と意識調査」などの調査では、打ちひしがれ将来に希望を見いだせない日本の子どもの姿が浮き彫りになっていたが、この傾向はこれからなおつよまるおそれがある。

三〇年ほど前のことであるが、社会学者日高六郎氏はその著『戦後思想を考える』（岩波新書、一九八〇年）のなかで、「フランスの老思想家ジョルジュ・フリードマンが必要の対象と欲望の対象を峻別することを主張した」と紹介しながら、次のように述べていた。

人間は、生にとってほんとうに必要なものを慎重にえらばなければならない。かりたてられた欲望によって支配されることは、かえって彼の生活の喜びと生の解放感をそこなう。人間は、政治の世界で主権者であるべきならば、生活の領域においても、主人公でなければならない。（中略）現在の消費や快楽への資本のがわからの無限のいざないにたいして、個人が自立的に自分の生活の仕方をつくりだすことができるかどうかという問題である。

日高六郎氏のこの指摘は、あたかも現在の状況に対して向けられているかのようである。私たちの社会は、三〇年のときを経てもなお、必要の対象と欲望の対象を識別することができずにいるのであり、人間の欲望をさまざまにかきたてることで維持される体制にとどまっているということなのだ。

財政学者の神野直彦氏（東京大学名誉教授）は、若い世代の人たちに向けて『財政のしくみがわかる本』（岩波ジュニア新書）を二〇〇七年に、また二〇一〇年には悪化した眼病をおして『「分かち合い」の経済学』（岩波新書）を出版している。これらのなかで神野氏は、「必要と欲望（needs と wants）」の区別にたって今日のわが国の問題状況を次のように語っている。

すなわち、現在の日本の社会では「金もうけをしていい領域」と「金もうけをしてはいけない領域」の区分がなくなってしまっている。金もうけをしてはいけない領域も含めて市場原理でやっているから混乱がおきている。それは福祉や医療や教育などの分野であり、これらの分野についても市場原理でやっているから、裕福な人は豊かな福祉、豊かな医療、豊かな教育を享受できるが、そうでない人は福祉、医療、教育から遠く疎外されてしまう。しかしこれらは人の生存にとって欠かせぬニーズ（基本的必要）と呼ぶ分野であり、それは市場にゆだねるのでなく、公の財政でしっかり支えていかなければいけない分野なのである。

そのように指摘した神野氏は、ひたすら欲望をかりたてる競争原理について、「競争は絶望をもたらす」と記した。「競争は絶望をもたらす」というこの言葉は、今日の教育をはじめ私たちの社会全般の状況を端的に表現するものであると思う。

では、経済至上主義ではない「もうひとつの道」はどのような道であり、どのような教育なのだろう。少なくともそれは、人々を孤立させる道ではなく、人々が相互につながる「共生の道」でなければならない。欲望に突きうごかされる現在の社会のなかで、人の生にとって必要なニーズをしっかりふまえた生き方やニーズを大切にする社会のあり方を学ぶ教育でなければならない。また、今日のように分断されバラバラになってしまった「行政単位としての地域」において、人と人とがつながりあう、あたらしい「共同体としての地域」の創造を志向する教育でなければならないだろう。

この課題についてはあらためて検討したいと思うが、「もうひとつの道」を実感できる実践例がある。埼玉県加須市の小学校で取り組んでいる「学校応援団」であり、本章の最後にそれを見ることにしよう。

「学校応援団」というこころみ

埼玉県加須市は、県の北東部に位置している。鯉のぼりやうどんのまちとして知られる加須市は、二〇一〇年三月に北埼玉郡三町と合併して人口は約十一万五千人。この加須市に、創立明治六年という伝統校の加須市立加須小学校がある。学校の校門をはいると、「ふれあいなかよし広場」と標示された部屋が目にはいってくる。この部屋は、地域の人たちがやってきて学校を応援するためのステーションである。

二〇〇九年三月まで校長をつとめた坂田英昭氏は、加須小学校を次のように紹介している。

　加須小学校は地域密着型教育を推進しております。学校と保護者と地域が一体となって子どもを守り育てるというシステムをつくることが、学校を元気にすることだと考えているのです。そのためには学校をいままで以上に保護者や地域住民に開放すること、そして学校が地域のなかで積極的に役割をはたしていき、地域の人たちが学校教育に積極的に参加していくことが、学校を活性化することにつながる、あるいは家庭や地域の教育力を向上させることにもつながる、そういうふうに考えているのです。

「ふれあいなかよし広場」に登録されている学校応援団のメンバーは、二〇一〇年四月現在で四七〇名。加須小学校の児童数は五九八人なので、かなりの大人数といえる。応援団には五つのジャンルがあり、一つは「学習応援団」で、教科やクラブ活動を支援する。二つ目は「遊び応援団」で、休み時間でのジャズダンス教室などをおこなっている。三番目は「あいさつ応援団」で登校時のあいさつ運動を、四つ目の「安全応援団」は校内のパトロールや登下校時の見回りを、五つ目の「自然応援団」は緑化支援とか蛍の飼育などをおこなっている。ちなみに「遊び応援団」はジャズダンスのほかクッキング、グランドボール、郷土芸能、本の読み聞かせ、日本語指導、手品など多彩な活動をしている。

これほど多くの地域の人たちが学校支援をスムーズにおこなうためには、調整役をつとめる責任者が必要になってくる。加須小学校ではこの責任者を「ふれあい推進長」と名づけ、一一人の方に委嘱している。加須小学校の学区には一一の町内会があり各町内会の会長の推薦を受けたふれあい推進長が、常に学校と密接に連絡をとりながら、学校応援活動が円滑に推進できるようパイプ役を果たしている。

坂田氏は、学校応援団による成果をこのように語っている。

なによりも学校の教師が授業に専念できるようになった。そしてそのことにより、子どもたちに落着きがでてきた。さらに学校応援団の方々の横のつながり、人間関係ができてきて、いままで知らなかった人たちが道で会ってあいさつすることになり、地域の活性化にも貢献できたのではないだろうか。これからは、学校は地域の方々にボランティアとして参加してもらうだけでなく、自分たちの生涯学習の場として使ってもらえばと考えている。

加須市では、ほかの小学校でも学校応援団の施策を展開している。二〇〇五年一一月、私が埼玉県教育委員会に在籍していたとき加須南小学校を訪問したことがあったが、熱心な女性のふれあい推進長さんとお会いし、こんな話をうかがった。

先日、学校応援団の人に集まってもらって、校庭の草むしりをしたんです。校庭の真ん中のところは子どもたちがいつも運動とか遊びで踏みつけているのでそうでもないんですが、校庭のすみのところはどうしても雑草が伸びて目立つので、それを朝はやく応援団の方々に集まってもらってきれいにしようということで声をかけたんです。そうしたところ、たくさんの人が参加してくれました。ほとんどが女の方でした。朝のはやい時間なので、たいていの女性はいそいで家族のための朝食を支度して駆けつけたわけですが、腰をかがめて草をむしりながら、「あんた、だれ？」といいながら作業する光景がみられたんです。

朝のいそがしい時間帯なので、お化粧するいとまもなく学校へ駆けつけた。だれがだれなのかよくわからず、となりで作業をしている人におもわず「あんた、だれだっけ」という光景になったというのだが、普段着のまま飾ることなく学校へ集うということこの話には、だれしも気持がなごむ思いがするのではないだろうか。

加須市のこころみをまとめてみよう。

①　小学校区を単位とすること――それは一般に、人々にとって生活を同じくし同じ問題を共有する生活空間である。また小学校はだれにとっても懐かしいところであり、どこに住んでいようと特別の想いを抱いている。

②　空き教室を活用すること――少子化の影響で、小学校には使用されない空き教室がふえている。それを使って、地域の人々が集まり活動する拠点とするのである。

③　拠点には「ふれあい推進長」が常駐すること――地域の人々が学校や子どもに寄せる想いはさまざまである。それを整理し学校側と調整する責任者として、熱意のあるコーディネーター役がどうしても必要である。

④　地域へひろく呼びかけること――子どものために学習の手伝いや遊びの指導をしてみたいという人は、びっくりするほど多い。とくに豊富な知識と経験のあるリタイアした人材は貴重である。

⑤　「子どものために」が基本であること――子どもの安全とすこやかな成長が応援団の目的である。そのために活動することが、応援団の参加者にとっても学びと生きがいにつながる。

私たちの「もうひとつの道」がここから拓けるよう、期待したいものである。

第5章　ドイツの教育事情

1　独仏共通歴史教科書の登場

ドイツのザールラントという州の州都ザールブリュッケンで、二〇〇六年七月一〇日、ある祝典が開かれた。ドイツとフランスの両国が共同して高校生用の歴史教科書を作成し、その完成を祝う催しである。内容がすべて同じドイツ語版とフランス語版の教科書が出版されたのである。

一九世紀後半の普仏戦争から第一次世界大戦、第二次世界大戦と、近代・現代のドイツとフランスは三度にわたってヨーロッパ大陸の覇権を争い戦火を交えてきた。その両国が、歴史認識という困難な課題を抱える教科書を共同で作りあげたことは、画期的な出来事といわねばならない。双方の代表は祝辞で「独仏両国の関係の発展を示す賞賛すべき出来事」と述べるとともに、ドイツ側からは「この教科書は国内の一六の州すべてで使用が認可されたこと」、フランス側からは「世界初であり、諸外国の模範となるもの」との挨拶があった。

2006 年 7 月に出版された『独仏共通歴史教科書第 3 巻』（ドイツ語版）。「1945 年以降のヨーロッパと世界の歴史」とある。

この歴史教科書は全三巻で構成され、第一巻は「古代からフランス革命とナポレオンまで」、第二巻は「一八一四年から一九四五年（ウィーン会議から第二次世界大戦）まで」、第三巻は「一九四五年から現在まで」となっている。最初に出版されたのは第三巻の現代史であり、ドイツとフランスの高等学校（ギムナジウムとリセ）のそれぞれ最終学年用とされている。七月一〇日の祝典は、第三巻の出版を祝うセレモニーであった（フランスでは同年五月四日にペロンヌで式典が開催された）。

共通の歴史教科書作成のきっかけとなったのは、独仏高校生による「青年会議」である。「ドイツ・フランス友好協力条約（エリゼ条約）」の締結四〇周年式典が、二〇〇三年一月にベルリンで開かれたが、その一環として「青年会議」も開催された。この席で高校生たちが「独仏共通歴史教科書」の作成を提案し、この会議に出席していた当時のフランスのシラク大統領とドイツのシュレーダー首相がその提案を受け入れるとともに、「政府が責任をもって対処すべき案件」と位置づけたのである。これにより、二〇〇三年六月に両国の合同委員会が結成された。

その意味では、エリゼ条約の果たした役割は重要であった。一九六三年に締結されたエリゼ条約は、政治協力だけでなく青少年交流などを強化し相互理解を促進することも規定している。この交流目的のために「独仏青少年協会」が設立され、一九六三年から二〇〇三年までの四〇年間で総数約七〇〇万人の交流実績をあげている。エリゼ条約締結四〇周年式典で「青年会議」を先導したのもこの「独仏青少年協会」であり、両国の青少年のなかに、共通の歴史教科書への素地が形成されていたのである。

第三巻はＡ４判サイズの三三六ページで、手にずしりと重い。ドイツ語版の序文の大意は次のとおりである。

本書によって、新たな地平が拓かれることになる。ドイツとフランスの高校最終学年の生徒と教師に、はじめて共通の歴史教科書が提示されるのである。数十年間にわたり両国は、教育を含むあらゆる領域で相互に協力関係を築いてきたが、その成果がここにある。いつの日かヨーロッパ共通の歴史教科書が作成されるとすれば、その土台ともなりえるものである。

本書は、ドイツとフランスの単なる歴史書ではなく、ドイツとフランスのそれぞれの教育課程に即応しながら、さらにそれを超え、双方の視点から見た歴史観をあらたに示す歴史教科書である。複雑な多国間関係にある世界で生きていくには、全体を見渡すことのできる多元的な歴史観が必要であり、それを、生徒や教師に提供することが重要であると考える。

ドイツの青年とフランスの青年が、かつてこれほど親しく相手の歴史にふれたことはなかった。それはさらに、ヨーロッパの地平、世界の地平へと向かうことになる。一九四五年以降の世界においては、この道以外にどのような道があるだろうか。

教科書の内容は、全体が五部一七章に分類されており、本文の記述は三分の一程度に抑えられていて、写真や図表、囲みの解説が多い。巻末には主要人物一覧と用語集がある。

冒頭の第一章を見てみよう。表題は「第二次世界大戦の結果」となっており、半ページ大の写真がある。それは広島の原爆ドームの写真で、「広島への原子爆弾投下と黙示録的なその惨状は原子力時代の到来を告げた。広島県産業奨励館の廃墟は人類がそれ自身破壊者であることを警告し忘れぬよう現在もそこにたっている」と説明がある。

第一章の本文は、「戦争はどれほどの人的・物的損害をもたらしたであろうか」という記述ではじまり、次のように続く。

　第二次世界大戦は、一九一四年から一八年の第一次大戦と比べて物的にも人的にもはるかに膨大な資源が動員された「総力戦」であった。犠牲者数は第一次大戦の三倍から六倍に達しており、推定では五五〇〇万人の人々が亡くなった。この数値には兵士だけでなく爆撃の犠牲になった一般市民やナチスによる大量殺戮の犠牲者も含まれている。(中略)

強制収容所が解放されたとき、想像を絶する犯罪があきらかになった。およそ六〇〇万人のユダヤ人、ほぼ五〇万人のシンティ・ロマ、さらに数十万人の人々が、組織的に抹殺されていた。あまりにも非人間的なこの衝撃から、「人道に対する罪」という考え方が生まれ、それはニュルンベルクと東京での国際軍事裁判において犯罪構成要件となった。

アメリカによる日本の広島と長崎への史上初の原子爆弾の投下は、公式には早期に戦争を終結させるためとされているが、一瞬にして一三万人もの人々を火炎のなかで死にいたらしめるという、これまでにない悲惨で衝撃的なことであった。放射能の影響のため二〇万人もの人が死亡しており、後遺症は今日も続いている。このような原爆投下は政治的必要性があったのだろうか。原爆を投下しなければ日本を降伏させることができなかったのだろうか。アメリカは、莫大な費用をかけて開発した新兵器の破壊力を試す機会をうかがっていたのではないか。同時にそれによってソビエトに対して優位を見せつけようとしたのではないか。

ドイツとフランスの高校生がこのような教科書で「現代」を学ぶことに、私たちは感慨を抱かざるをえない。またこのような共通歴史教科書がヨーロッパに登場したことに驚きをかくすこともできない。いかにEU（ヨーロッパ連合）が活性化しユーロが定着したといっても、ドイツとフランスは歴史のうえでは昨日まで敵対する間柄にあったのだ。

日本とドイツは第二次世界大戦で無条件降伏し、双方の国民は未曾有の辛酸をなめてきた。一九六〇年代には、「奇跡の復興」といわれる経済発展をともに経験することもあったが、しかし現在、独仏共通歴史教科書をはじめとするドイツの教育事情を見ると、ドイツと日本との距離はずいぶん大きくなったといわなければならない。それは、過去の負の遺産にどう向き合い何を学んできたかにかかわってのことではないかと思う。

2　ヴァイツゼッカー大統領と「荒れ野の四〇年」

二〇一〇年四月一五日、リヒャルト・ヴァイツゼッカーが九〇歳の誕生日をむかえたとき、メディアは彼を「傑出した政治家」と呼び、次のように報じて祝意を表した。

一〇年間にわたってドイツ連邦共和国の大統領をつとめたヴァイツゼッカーは、識見に富むすぐれた政治家であり、いついかなるときもその場に最適な言葉を語ってきた。「国民の良心」というべき彼は、四月一五日、九〇歳の誕生日を迎える。

ヴァイツゼッカーは二〇世紀を代表する人物であり、すでに若くして激動する歴史を自ら体験してきた。それは第二次大戦中の一九三九年に兄がポーランドの前線で戦死し、一九四四年七月二〇日のヒットラー暗殺事件には親しい友人が参画し、さらにナチス体制において父親が親衛隊員であったという体験である。こうした精神的な葛藤の数年が、若い彼をして、確固とした信念にもとづく行動と、決断に際しては透徹した思考の人物にしたのであろう。彼は、すぐれた政治家として人々の期待に応えてきた。演説草稿の原案にはいつも綿密に手を入れ、気に入らない場合には書き直すこともあった。その言葉は、品位と尊厳にあふれ輝いていた。

これは、ドイツの国際放送であるドイッチェ・ヴェレの報道の一部であるが、他のメディアもヴァイツゼッカーの九〇歳の誕生日を大きく取り上げており、ある新聞では、「九〇年の人生で最良の年はいつか」との問いに対する彼の回答を紹介していた。「最良の年を選ぶのは簡単なことだよ。五七年前に結婚をしたとき、つまり一九五三年一〇月だが、それが最良の年というこだ。何といっても妻のおかげであり、私の長い人生のなかでもっとも賢明な決断であった」。そうしたメディアが例外なく伝えていたことは、一九八五年五月八日の彼の演説である。

ドイツの終戦四〇周年にあたるこの日、ヴァイツゼッカーは大統領としてドイツ連邦議会で記念の演説をした。わが国では「荒れ野の四〇年」として知られる演説は、ドイツでは特別の題名が付されているわけでなく、官報には「ヨーロッパにおける戦争及びナチスの暴力支配の終結四〇周年にあたってのヴァイツゼッカー大統領の演説」と記載されている。「荒れ野の四〇年」の命名は、雑誌『世界』の編集長であった故安江良介氏によるという。ドイツ現代史の永井清彦氏の翻訳により一九八五年一一月号の『世界』に載り、翌八六年二月に岩波ブックレットの一冊として出版され、さらに二〇〇九年一〇月にはその新版が出された。新版では、翻訳者永井清彦氏が巻末に解説を加えているが、それは「若い君への手紙」と題され、「荒れ野の四〇年」をめぐる長文の紹介となっている。それによると、この演説は日本におけるような呼び方こそないもののドイツでは「極めつきの演説」という意味で、定冠詞をつけてDie Rede（ディ・レーデ）といわれることがあるという。これこそが演説だという「The エンゼッ」のニュアンスである。演説の内容としてよく知られているフレーズは、「過去に目を閉ざす者は結局のところ現在にも盲目となる」という箇所であるが、それを含めここで五点ほどふれておきたい。

(1)　ひとつは、ドイツにとって降伏の日である一九四五年五月八日を、ヴァイツゼッカーは「解放の日」と呼んだことである。無条件降伏したこの日、「われわれの運命は敵の手中に握られた」。「こちら側がかつてやったことに対し、今度は向こうが何倍もの仕返しをしてくるのではないかと、ドイツ人のだれもがそんな思いであった」。「たいていのドイツ人は自らの国の大義のために戦い、耐え忍んだと信じていたが、一切が無駄であり無意味であったのみならず、犯罪的な指導者たちの非人間的な目的のためであったことが明らかとなり」、「前にあるのは不確実な暗い未来だけであった」。

このような状況を踏まえながら、ヴァイツゼッカーが五月八日を「解放の日」とあえて呼ぶ意味は、「ナチズムの暴力支配という人間蔑視の体制からわれわれ全員が解放された」ことにある。

「一九四五年五月八日は、ドイツ史の誤った流れの終点であり、よりよい未来への希望の芽がかくされていたとみなす」ことができるからであると述べている。

(2) そのためにも、ヴァイツゼッカーは、戦争中の出来事を誠実に思い浮かべることを呼びかけている。強制収容所で命を奪われた六〇〇万人のユダヤ人、ソ連・ポーランドの無数の死者、虐殺されたシンティ・ロマ、銃殺された人質、ドイツに占領された国のレジスタンスの犠牲者等々について、良心を麻痺させ目を背けるのでなく、誠実に向き合い、「老幼いずれを問わず、全員が過去を引き受けねばならず、全員が過去に対する責任を負っている」ことを指摘する。その上で、次のように語る。

問題は過去を克服することではありません。さようなことができるわけはありません。後になって過去を変えたり、起こらなかったことにするわけにはまいりません。過去に目を閉ざす者は結局のところ現在にも盲目となります。非人間的な行為を心に刻もうとしない者は、またそうした危険に陥りやすいのです。

(3) さらに、自国民の塗炭の苦しみについても想起する。兵士として斃れた同胞、故郷の空襲や捕われの最中に命を失った同胞を、ヴァイツゼッカーは悲しみのうちに思い浮かべる。また、ドイツ内のレジスタンスに参加した市民、軍人、労働者などの犠牲者に敬意を表している。

とくにヴァイツゼッカーは、「瓦礫のおんな」と「ポーランドからの追放」にふれている。「瓦礫のおんな」とは、敗戦直後の廃墟で、瓦礫の山に素手で立ち向かい、復興の先頭に立った女性たちのことである。戦場の男たちが帰還する見通しのないなかで、ベルリンなどの街で一つ一つ石を積み上げていった女性たちのことは、いまでもドイツ人の心の深いところに記憶されている。また敗戦後、東欧などを追われたドイツ人は千五百万人にのぼった。略奪や暴行が横行する過酷な条件下で、二百万人を超える犠牲者をだした。なかでも第二次大戦の発端となったポーランドからの移動は、悲惨であったという。

そうしたドイツ国民の苦しみを想起するとともに、ヴァイツゼッカーは、それは一九三三年一月三〇日と切り離すことは許されないとする。この日に政権についたヒトラーは、「大衆の狂気を生み出し、これを利用した」からである。

(4)　次にヴァイツゼッカーは、憲法と四〇年後のドイツの現状に言及する。ドイツの憲法（演説当時は西ドイツ憲法）は、一九四九年五月八日に議会評議会で草案が承認され、同一二日に「ドイツ連邦共和国基本法」として公布、同二四日に発効している。この憲法について、ヴァイツゼッカーは、「党派の壁を越え、われわれの憲法の第一条に、前の戦いと暴力支配に対する回答を記している」と述べ、その条文を演説のなかで読み上げている。

ドイツ国民は、それゆえ、世界におけるあらゆる人間共同体、平和及び正義の基礎として、不可侵かつ譲渡しえない人権に対する信念を表明する（第一条第二項）。

さらに、現在のドイツは世界から尊敬される国になっており、「今ほど市民の諸権利が守られていたことは」なく、また「他のどんな社会と比較してもひけをとらぬ、充実した社会福祉の網の目が人びとの生活の基盤を確固たるものとしている」と述べている。

(5) もうひとつ、演説の最後のところでヴァイツゼッカーは、若い人たちに対してつよく呼びかけている。新しい世代が、政治の責任をとれるだけに成長してきている。そうした若い人たちに、「歴史の真実を冷静かつ公平に見つめることができるよう助力をしたい」として、次のように語っている。

ヒトラーはいつも、偏見と敵意と憎悪とを掻きたてつづけることに腐心しておりました。若い人たちにお願いしたい。
他の人びとに対する敵意や憎悪に駆りたてられることのないようにしていただきたい。
若い人たちは、たがいに敵対するのではなく、たがいに手をとり合って生きていくことを学んでいただきたい。

五〇分ほどの演説をヴァイツゼッカー大統領は、これからの時代を担う若い人たちに、己の想いを託す想いでこのように結んだ。翻訳者永井清彦氏が、『新版・荒れ野の四〇年』において三二ページにおよぶ解説を加え、あえてそれを「若い君への手紙」と題した背景もここにあるのだろう。

保守政党のCDU（キリスト教民主同盟）に所属するヴァイツゼッカーが、ドイツ連邦共和国の大統領をつとめたのは一九八四年から九四年の一〇年間である。任期中の一九八九年、東西ベルリンを隔てた壁が崩壊し、九〇年一〇月に東ドイツは西ドイツに吸収され消滅した。西ドイツのヴァイツゼッカー大統領は、そのまま統一ドイツの初代の大統領になった。

一九九七年に、『四つの時代』というタイトルの自伝を出している。これも永井清彦氏が翻訳し、『ヴァイツゼッカー回想録』（岩波書店）という書名で九八年に出版された。そのなかで、「荒れ野の四〇年」の演説についてこのように振り返っている。

われわれは、自分自身を救済することはできないし、何も起こらなかったことにすることもできない。われわれは深淵を経験し、それに参加した。しかし、ただ一つだけできること、しなければならないことがある。それは、その深淵を誠実に直視することである。その事実のためにも未来のためにも、そのことは大切なのだ。

こうして演説は行われた。これは任期中ではもっとも政治的で、個人的な感慨のこもった演説となった。（中略）

それにしても、あの演説がこれほど繰り返し印刷され、何ヵ国語にも翻訳されることになろうとは、まったく考えもしなかった。もっとも強い手応えを感じ取ったのは、十代や二十代の若者たちとの数えきれないほどの討論会や手紙のやりとりのなかでであった。

憎悪をもって敵対していたドイツとフランスが独仏共通歴史教科書をつくりあげた前提には、ヴァイツゼッカーの演説に象徴される贖罪があった。国を代表する政治家が、率先して過去の負の遺産と向き合い、痛みをともなう真摯な言葉によって自国の罪責を語り、和解を求めたのである。

ヴァイツゼッカー大統領だけではない。一九七〇年一二月七日、ワルシャワを訪問したヴィリー・ブラント首相は、ユダヤ人ゲットー跡の記念碑の前にひざまずき頭を垂れたが、その姿はドイツとポーランドの関係修復の転換点となった。一九四三年にゲットーで蜂起したユダヤ人犠牲者に深い敬意を示したブラント首相のこのときの情景とその後の経緯を、ちょうど四〇年後の二〇一〇年一二月七日、ドイッチェ・ヴェレは一五枚の写真とともに詳細に報じていた。ヴァイツゼッカー大統領の「荒れ野の四〇年」を意識したこうしたマスコミの報道にも、過去を忘れてはならないとするドイツの基本的な姿勢があらわれている。

3　ヘッセン州の首相の辞任

ドイツは連邦制の国であり、一六の州から構成されている。国と州との関係は、国が先にあって州が設置されているのでなく、州が先にあって国がつくられているといえる。したがって州の権限は強大であり、憲法である基本法第三〇条は「州の権限」を次のように定めている。

国家的権能の行使及び国家的任務の遂行は、この基本法が異なる定めをおき又は許容していない限りにおいて、州が行うべき事項である。

このため、たとえば「外交関係の処理は連邦が行うべき事項である」（第三二条第一項）など特別の規定がないかぎり、州が一般行政の任にあたる。州はそれぞれ独自の憲法のもとに州政府と州議会をおき、州の長は知事（ガバナー）ではなく首相（ミニスタープレジデント）と呼ばれる。教育分野についても各州が全般的な権限を有していて、州が教育関係諸法を制定し、幼児教育から大学教育、生涯学習、教育基盤整備などすべて州の権限に属している。所轄庁は「州文部省」で、その長は「州文部大臣」であり、教科書の認可に関しても州の権限に帰属し、独仏共通歴史教科書の場合も一六の州の認可を得ている。

ヨーロッパのユーロ関係諸国は、二〇〇八年のリーマン危機と二〇一〇年のユーロ危機によって景気が極度に低迷し、税収が落ち込み緊縮財政を余儀なくされている。そのなかでドイツだけは輸出の伸びが好転し税収は上向き傾向にあるが（二〇一〇年末現在）、しかしこれまで財政赤字の穴埋めのために増大した負債をこれ以上増やさぬよう予算をいかに削減するかは、他のユーロ諸国と同様に最重要課題となっている。ユーロ圏での牽引車の範を示すため、それがいかに徹底したものであるかは、次の二つの例から理解できるだろう。

(1)　ドイツには徴兵制があり、満一八歳以上の男子に兵役義務がある。かつて一八か月であった兵役期間は段階的に縮小されて九か月となっていたが、それが二〇一〇年七月から六か月に短縮された。さらに二〇一一年七月には徴兵制を廃止して志願制を導入することが見込まれている。また国防大臣は、二四万の兵力を一八万五千に削減する計画を示している。

(2)　ドイツの年金支給開始年齢は日本と同じ六五歳であるが、この年金も、二〇一二年から段階的に引き上げられて六七歳を開始年齢とすることが連邦議会で決議されている。それによると一九四七年生まれの者は二〇一二年に満六五歳となるが、支給開始は六五歳に一か月が加えられ、以後四八年生まれ、四九年生まれと一二年間は順次一か月ずつ先送りになる。その後は二か月ずつ引き上げられ、二〇二九年に六七歳となる。これをさらに、七〇歳に引き上げるべきだとの議論もすでに出はじめている。

このように厳しい緊縮財政をしいられる状況のなかで、二〇一〇年五月、ヘッセン州のローラント・コッホ首相は「教育分野にも切り込むべきである」と持論を公にした。「教育も削減対象とならなければならない。二〇一五年までに教育・研究分野への投資をGDP（国内総生産）の一〇％へ段階的に引き上げることとされているが、現下の金融危機にかんがみ、この計画は先送りすべきである。また、全日制託児所を拡充する施策についても、見直しをすべきである」と主張したのである。この発言が各方面から激しい批判を招き、コッホ首相は辞任をすることになるのだが、それにはPISAが深く関係していた。

ドイツは、二〇〇〇年のPISAの結果が予想もしない不本意な数値であったため、議論が沸騰した。ドイツの教育はすぐれており、学力のレベルは高いという幻想が崩れたからである。参加した三二か国のなかで、「数学的リテラシー」が四九〇点で二〇位、「科学的リテラシー」が四八七点で二〇位、「読解力」が四八四点で二一位であり、三分野とも平均点五〇〇点を下回った。これが公表された二〇〇一年一二月は国をあげての大騒ぎとなり、ソビエトが史上初の人工衛星スプートニクを打ち上げたときの衝撃「スプートニクショック」にならい、「PISAショック」という表現が生まれたほどである。

ＰＩＳＡショック以後、ドイツは教育改革に取り組むことになり、その議論のプロセスから各種の対応策が出されることになるが、ここではとくに重要と思われる二点を見ることにしたい。

第一は「連邦教育スタンダード」の開発である。

ドイツでは州の権限が強大で教育分野は州が所管することはすでにふれたが、このことは義務教育についていえば、修業年限や教育内容に関して連邦共通の統一基準が存在しないということである。各州の文部大臣によって構成される「文部大臣会議」が常設の機関として一九四九年一二月に設置されていて、これまで全国的に共同して対応すべき事項について調整してきた。ＰＩＳＡショックの際、この文部大臣会議で今後の学校教育の改善課題を設定したが、そのなかには全国共通の達成基準である「教育スタンダート」の策定があり、二〇〇三年から二〇〇四年にかけて次の三種類の「教育スタンダード」を作成した。

・第四学年――ドイツ語／算数
・第九学年――ドイツ語／数学／第一外国語（英語または仏語）
・第一〇学年――ドイツ語／数学／第一外国語（英語または仏語）／生物／化学／物理

また二〇〇七年にはギムナジウム（高校）最終学年について、「ドイツ語、数学、英語、仏語、生物、化学、物理」の「教育スタンダード」を作成した。

これらはいずれも当該学年までの達成目標であり、それを確認するには専門の機関が必要であることから、ベルリンのフンボルト大学に第三者機関として、検証のための測定指標となる試験問題の作成と結果分析を行う研究所も設置されている。

ドイツの学校教育制度はわかりにくいところがあるが、大きく四段階に分かれている。

① 小学校は第一学年から第四学年まで
② 中学校は第五学年から第九ないし第十学年まで
③ 高校は第十学年から第一三学年まで
④ その先は大学などの高等教育

①の四年間の初等段階で子どもはすべて基礎学校に通うが、次の②では二年間のオリエンテーションの期間があり、第七学年から将来の進路にあわせて基幹学校、実科学校、ギムナジウム（高校）のいずれかを選ぶことになる。基幹学校は第五学年から第九学年までの五年制で、卒業後は職人など商工業に従事することが多い。実科学校は第五学年から第一〇学年までの六年制で、修了者は上級専門学校を経て事務職員や技術者になる者が多く、ギムナジウムは第五学年から第一三学年までの九年制で、卒業生は修了時にアビトゥーアという試験に合格すれば大学進学が可能となる。第五学年から第六学年にかけて、自分の将来を選択するという三選型の学校体系と

なっているが、近年、州によっては総合制学校といわれる複合型の学校も登場するなど制度としてはいっそう複雑になっており、これをどのように改革するかも大きなテーマとなっている。

第二は、二〇一五年までに教育・研究費の支出総額を、段階的に国内総生産の一〇％に増額することである。

ドイツのGDPに対する教育支出の割合は、OECDによると公財政と私費負担の合計で二〇〇五年では五・一％、二〇〇六年では四・八％、二〇〇七年では四・七％となっている。二〇〇七年の数値は、スロヴァキア、チェコ、イタリアに次いで低く、OECDの平均五・七％をかなり下回っていた。この数値は、OECDが毎年出している『図表で見る教育』(Education at a Glance) によるものであり、二〇〇七年のデータは二〇一〇年版で公表されている。

わが国でも、最近はこれが発表になると、「日本の教育予算、OECD最下位」などの見出しで報じられるようになったが、社会的関心はいまひとつはっきりしない。日本の数値については後ほど見ることにするが、ドイツではPISAの順位と『図表で見る教育』が関連づけられて議論されており、PISAの結果が「PISAショック」といわれるほど低位だったのは、教育分野への投資がこれまであまりにも乏しすぎたからではないかという反省となっている。このことから、二〇一五年までに研究費を含めて教育・研究費をGDP比で一〇％に引き上げる案が、「第一回教育サミット」において提案された。「教育サミット」とは、二〇〇八年一〇月にはじめて開催されたドイツ連邦首相と一六の州首相による教育会議であり、この席上で、

① 教育および研究のための総支出を二〇一五年までに段階的にGDPの一〇%とすること

② ドイツでも少子化が進んでいるが、児童生徒の人口動態的減少にともなう経費減少分は、これを教育費から削減せずに教育の質の向上に振り向けること

の二項目について合意した。

①のGDPの一〇%の数字の内訳は、「教育」に対して七%相当分、「研究」に対して三%相当分である。これは実に驚異的な伸び率で、しかもドイツの場合、教育費の公私の負担割合は、二〇一〇年版の『図表で見る教育』では「公財政」が八五・四%を負担しており、「私費負担」は一四・六%である。このように「公財政」の負担割合が高いことを考慮すると、教育と研究への総支出をGDP比一〇%とすることは、「公財政」を分担する連邦と州との並々ならぬ決意が伝わってくる。

OECDの二〇一〇年版『図表で見る教育』においてわが国の数値を見ると、GDP比の教育費は四・九%でドイツの四・七%より若干高いが、このうち「公財政」の割合は三・三%と低く、「私費負担」が一・六%となっている（OECDの対GDP比の平均教育費は五・七%で、「公財政」が四・八%、「私費負担」が〇・九%である）。国、都道府県、市区町村が負担する「公財政」三・三%の数値は、OECD内の比較可能な二八か国のなかで最下位であり、これが「日本の教育費、先進国で最下位」などと新聞の見出しに用いられている。この結果、OECDからは

次のような指摘がされている。

・日本では私費負担の割合が二〇〇七年において三三・三%であり、OECD平均一七・四%を大きく上回り、データが存在するOECD加盟国中、韓国、チリ、アメリカに次いで四番目に高い水準にある。

・日本の平均学級規模は、OECD諸国と比べて大きい。初等教育段階では一クラス二八・一人、前期中等教育段階では三三・二人と、OECD平均のそれぞれ二一・六人、二三・九人を上回っている。

・日本の教員の授業時間数はOECD諸国と比べて短いが、勤務時間数は長い。年間の授業時間数は、初等教育段階で七〇九時間、前期中等教育段階で六〇三時間、後期中等教育段階で五〇〇時間であり、すべての段階でOECD平均（それぞれ七八六時間、七〇三時間、六六一時間）を下回る。しかし、初等教育段階および中等教育段階における教員の年間勤務時間はともに一八九九時間であり、OECD平均（初等教育段階一六五九時間、前期中等教育段階一六二二時間、後期中等教育段階一六五七時間）を大きく上回っている。

PISA2009において、わが国は前回のPISA2006から「数学的リテラシー」と「科学的リテラシー」がわずかに上昇し、「読解力」はPISA2000の水準に復帰した。

	2009	2006
数学的リテラシー	九位	一〇位
科学的リテラシー	五位	六位
読解力	八位	一五位

先進諸国のなかで、教育に対する公財政の支出が経済力に比べきわだって少ないわが国にあって、しかも順位が少しでも下がると大声で叱責されるわが国の社会にあって、けなげに子どもたちはがんばっているというべきである。

それにしても国、都道府県、市区町村というわが国の公財政は、口ではその大切さを唱えながら実際には教育を重視せず十分な投資を怠ってきた。現状のように国・地方を問わず財政全般が逼塞状態に立ち至ったのは長期経済不況とそれにともなう税収の減が主たる要因であるが、国と地域の将来を託す教育を重点施策とせず、過剰なほど公共土木事業に投資しつづけてきた国・地方の公財政のあり方は、厳しく問われるべきだろう。しかもそれは大量の国債と地方債の発行で賄われており、債務残高が九〇〇兆円という天文学的な数値の借金となって次世代の若い人や子どもたちの負担に転嫁されるのである。どこに責任があり、これからどうすべきなのか、それを究明することは財政学や経済学などの喫緊の課題ではないかと思う。

話をドイツにもどそう。三回目の「教育サミット」が、二〇一〇年六月に開催されるにあたり、ひと騒動が発生した。ドイツ通信社（ｄｐａ）が「教育サミット」開催の三週間まえに、「二〇一一年予算案」に関するアンケートをとったところ、いくつかの州で教育費削減の意向が確認されたのである。削減の急先鋒はヘッセン州で、州予算で学校教育に四五〇〇万ユーロ、大学教育に三〇〇〇万ユーロの削減をするというものであった。

このときちょうど、連邦政府は二〇一一年予算案と中期財政計画を検討しており、どの行政分野でいくら額を削減していくかが最大の争点となっていた。政府は増税についてはそれを議論することと自体を否定し、付加価値税や所得税を増税せず、予算の削減によって財政赤字の増大を回避しようという方針であった。

ヘッセン州のコッホ首相は、政府のこの方針に異を唱え、「増税をしないのであれば、聖域なく削減を行わねばならない。教育分野にも切り込むべきである」として、二〇〇八年に合意された「教育および研究のための総支出を二〇一五年までに段階的にＧＤＰの一〇％とすること」について目標年次を先延ばしするよう主張するとともに、ヘッセン州の予算案について教育分野の削減に踏み込んだのである。また、コッホ首相は、「三歳児未満の乳幼児の全日制託児所を拡充すること」についても問題であるとし、財政的に困難ではないかと疑義を呈した。

コッホ首相は保守系のＣＤＵ（キリスト教民主同盟）の政治家で、一九九九年にヘッセン州の首相に就任しており、これまでも歯に衣着せぬ発言で物議をかもすことがあったが、今回のこれらの発言は多方面からつよい批判を招くことになった。野党のＳＰＤ（社会民主党）や緑の党はもちろんのこと、与党のＣＤＵやＣＳＵ（キリスト教社会同盟）やＦＤＰ（自由民主党）という身内からも厳しい批判がだされ、ＣＤＵ党首で連邦首相のメルケルもコッホを非難した。

与党ＦＤＰの党首で連邦外相のヴェスターヴェレは、「教育と研究経費を節減すべきだとするコッホ氏は重大な過ちをおかしている。教育や研究さらに児童福祉も、ドイツの将来のために正当に投資されるべきなのだ」と述べ、ＣＤＵの幹事長グリョーエは、「ユーロ圏の現状を見れば、財政の立て直しがわれわれの政策の中心であることは論をまたない。そのためには緊縮に最大限つとめるとともに政策の重点化を徹底する必要がある。それは教育と研究と育児支援である」とした。このような批判をまとめて要約すると、次のようなトーンである。

教育分野に関して削減を主張することは、われわれの未来にたいする犯罪行為に等しい。財政の立て直しは緊急の課題だが、ドイツの将来のためには、教育分野に重点をおく政策を今後も堅持しなければならない。

マスコミからも批判がだされた。ヨーロッパで最大の発行部数を誇る週刊誌『シュピーゲル』は、オフィシャルサイトに「青少年へコッホが宣戦布告」と題した解説をのせた。

コッホ氏は、リーマン危機とユーロ危機によって生じた莫大な負債の返済と財政赤字解消のため、教育分野は血を流さなければならないとした。乳幼児のための託児所の拡充をコッホ氏は問題があるとし、大学や研究機関への投資の増額を後回しにする意向を示した。銀行協会の会長の職にあるならまだしも、州の責任者としては資質を欠いた発言といわざるをえない。

これまで学校教育や大学・研究機関に対し、あまりにも財政投資が乏しかったことは衆目の一致するところではないか。他の分野の予算を取り上げてでも教育分野に資金を投入すべきだということは、コンセンサスができていたのではないか。よりによって教育分野を削減対象とするとは、これはもはや青少年と国の未来に対する宣戦布告である。

こうしてヘッセン州のコッホ首相は、二〇一〇年八月末に辞任した。

ＰＩＳＡショックののち、教育改革のプロセスでドイツが学んだことを大づかみでまとめてみよう。

①　社会全体が教育にもっと関心をもつべきこと。

②　教育は国の未来に深くかかわる分野であり、政策上重視されるべきこと。
③　ＯＥＣＤで下位の教育関係費をトップクラスに押し上げることが優先されるべきこと。
④　教育は他の行政分野と異なり性急に結果を求めず長期的に評価していくこと。

コッホ首相の辞任の背景には教育についてのこうした社会の共通認識、つまり教育を大切にすべきだというコンセンサスがあったといえる。

とはいえ、二〇一五年までに教育と研究の総支出をＧＤＰ比で一〇％に引き上げるという合意の実現は、容易に達成できることではない。二〇〇八年の第一回教育サミットで連邦首相と州首相との間で目標値と目標年次について一致したとはいえ、連邦と州間の負担割合など財政上の裏づけについてまで合意していたわけではない。二〇〇九年の第二回教育サミットでもこの問題は先送りされ、二〇一〇年六月の第三回教育サミットでは、ギリシャ問題などで連邦と諸州の財政状況がより逼迫したこともあり、連邦と州間の負担問題はもつれたままである。連邦、州、および地方公共団体の合計負債額は二〇一〇年九月末現在で一兆八千億ユーロというこれまでの最高額に達しており、国民一人当たり二万二千ユーロの借金は、今後さらに、あらゆる行政分野で徹底した縮減を求めていくことになると予想される。

すでに見たように、教育は州の専権事項（Kulturhoheit）である。メルケル連邦首相が一〇％目標をいかに支持し強調したとしても、それを担当するのは州であり、ヘッセン州だけでなく他の州でも連邦政府が州の専権事項に口出しすることを問題視する声がある。これに対して連邦の文部大臣シャヴァンは「連邦が学校教育に関して直接介入できないとする現行の法制度に問題がある」として法改正の必要性を訴えているが、政府内の意思統一は困難視されている。

このように先行き不透明であり予断を許さぬ状況にはあるが、しかし、教育・研究費をGDP比で一〇％にするという目標を掲げたことは、それ自体、国において教育をどう位置づけるかという点で目を見張るべき出来事である。今後どのように推移するのか、注視していかなければならない。

なお、PISAについては、PISA2000のあと〇三年、〇六年、〇九年と連続してドイツはすこしずつ伸びている。ドイツの人口は約八二〇〇万人で、そのうち八・二％の六七〇万人は外国人であり（二〇〇八年連邦統計局）、外国人子女への教育は大きな課題となっている。トルコなどからの外国人労働者家庭の子どもたちには、言葉のハンディがある。教育政策としてそれを軽減するよう手厚くおこなってきたことが、PISAの結果の改善につながっているといわれている。その意味では、PISAを横並びで単純比較することには限界がある。PISAでトップのフィンランドには移民は少なく、日本や韓国などPISAの上位国も同様に少ない。PISAショックの後、ドイツの各州で共通して取り組んだことのひとつは、移民子弟のドイツ語の能力を向上させて、レベルが低いとされるグループの底上げをはかることであった。この点からも、今後のＰＩＳＡにおいてドイツがどのような動向を示すのか、注目していきたい。

第６章　文化は国境をこえて
――カイノキと本多博士とベートーヴェン――

埼玉大学では創立六〇周年を記念して、読売新聞と共催で二〇〇九年三月から一二月にかけて連続一〇回の市民講座を開催した。その一回目の講師を、「埼玉の教育と未来――教育に希望を託す社会を――」という演題でつとめた。

一　カイノキ（楷樹）のこと・本多静六博士のこと
二　教育を巡る三つの課題
三　教育に希望を託そう

これがそのときの項目であるが、本章では「カイノキ（楷樹）のこと・本多静六博士のこと」をもうすこし詳しく述べたい。加えて、ベートーヴェンの第九交響曲を述べることにしたい。なぜベートーヴェンかといぶかる向きもあるだろうが、カイノキと本多博士とベートーヴェンは、私にとって不可分のワンセットなのである。

1　カイノキ（楷樹）のルーツを訪ねて

二〇年以上前のことである。当時、埼玉県は畑和《はたやわら》さんが知事であった。私は埼玉県庁の秘書課に在籍していた。ある日のこと、知事に呼ばれ「カイノキについて調べるように」といわれた。JR北浦和駅の西口の近くに埼玉県立近代美術館があるが、その裏手に大きなカイノキがたっている。畑知事がおっしゃるには、これはたいへん珍しい木といわれているが、そもそもカイノキというのはどのような種類の樹木なのか、その由来はどうなのか調べてくれないか、ということであった。調べてみたところ、いろいろなことがわかった。

県立近代美術館のあたりは、以前は埼玉大学文理学部のあったところである。埼玉大学は一九四九（昭和二四）年に新制大学として文理学部と教育学部の二学部で発足した。教育学部のおかれたところは北浦和のこの地でなく、埼玉師範学校のあった旧浦和市常盤地区であった。その後教育学部は一九六六年に文理学部構内に移ってくるのだが、三年後の一九六九年、大学はすべて現在の大久保地区へ移転した。

文理学部の前身は旧制浦和高校である。つまり県立近代美術館のある公園のあたりは、もともと旧制浦和高校（浦高）の敷地であったのだ。旧制浦高には植物園もあり、いまでもイチョウ、サイカチ、楓の木などの大木に名残を見ることができる。そこに、カイノキがたっているのである。畑知事は旧制浦高の出身であったので、カイノキの由来について関心を抱いていたのだ。

さて、わかったことのひとつは、カイノキはわが国固有の木ではなく、二〇世紀初頭に中国から移入された樹木だということである。

一九一五（大正四）年のことだが、白沢保美という林学博士がいらした。白沢保美博士は東京帝国大学で林学を修め、当時、農商務省林業試験場の場長であった。林業試験場は、現在は筑波研究学園都市に移転したが、一九七八（昭和五三）年まで東京の品川区と目黒区とにまたがってあった。いまはその跡地が「林試の森」という公園に整備されていて、ユリノキ、クスノキ、プラタナスなどの巨樹を見ることができる。その林業試験場の場長白沢保美氏は、一九一五（大正四）年、省務

北浦和の公園に緑陰を広げる「カイノキ」

で中国の山東省青島《チンタオ》へ出張を命じられた。

　第一次世界大戦のときである。中国の山東省青島はドイツの租借地であったが、ドイツと日本は戦い、第一次世界大戦の初めのころに日本が青島を占領した。占領下の青島の森林経営の調査が白沢保美博士の出張の目的であった。

　白沢保美博士は日本林学会に大きな功績を残した研究者であり、その名を冠した白沢賞が一九七五年まで存在した（学会規則の変更により現在は林学賞に統一されている）。また、漢籍に造詣の深い方でもあった。山東省には、青島から西へ約三〇〇キロ行くと曲阜《キョクフ》というところがある。孔子の生誕地であり聖廟のあるところである。白沢保美博士は出張の帰路、孔子廟に立ち寄った。孔子の墓上には大きなカイノキがあり、その下に落ちていた種子を持ち帰って、それを自分が場長をしている林業試験場に播種育苗したという。そしてその苗木を、全国の孔子にゆかりのあるところに頒ち植えたのである。

　たとえば東京の湯島聖堂。ＪＲ御茶ノ水駅のホームに立つと眼下に神田川が流れ、その向こう側にこんもり茂った森が見えるがそれが湯島聖堂である。江戸時代には昌平坂学問所が設置されたところでもある。「仰高門」を入ったつきあたりに一本、中段の庭のなかに一本、いちばん高い大正殿の前には左に一本、右に二本植えられている。長年にわたってカイノキを調査された埼玉師範出身の松澤周輔氏によると、このうち大正殿の左右に位置する三本が白沢保美博士の苗木が成長したもののとのことである。

あるいは栃木の足利学校。足利学校は一六世紀に宣教師フランシスコ・ザビエルが「日本国中もっとも大にしてもっとも有名な坂東のアカデミー」と称えたところであり、「学校門」をくぐると遺跡図書館があるが、その右にそびえているのがカイノキである。

あるいは岡山の閑谷《しずたに》学校。聖廟にのぼる石段の左右に一対のカイノキがある。一本は深紅色に、一本は淡紅色にそれぞれ見事に紅葉するため一一月初旬の見ごろには観光客が絶えないとのことであり、JR西日本のPR用のポスターにも使われている。

このほか佐賀の多久聖堂などにも苗木が植えられたが、旧制浦高のカイノキもそのとき白沢保美博士によって寄贈されたのではないか、と推察できるのである。白沢博士がカイノキの苗木を頒ち植えたのは大正一〇年代である。現在の北浦和にあるカイノキは、中国の山東省曲阜の孔子廟直系の木であるとすれば、その樹齢は発芽が大正五（一九一六）年と起算して、二〇一〇年現在で九四歳ということになる（ただし、旧制浦高のカイノキが白沢保美博士に直接由来することについては異なる説がある。後ほど述べることにしたい）。

孔子は紀元前五〇〇年ころの人である。多くの弟子がいたが、なかでも一〇人の高弟は孔門十哲といわれていて、そのうちの一人、子貢《しこう》が孔子が亡くなったときに墓に手ずからカイノキを植えたと伝えられている。漢文学者白川静の『孔子伝』（中央公論社、一九七二年）によると、「孔子の喪に集まった弟子たちも、心喪三年ののち、また各地に散っていった。子貢だけが、なおその冢の側に仮廬を作って三年を過ごしたという。（中略）先師の記録の整理なども進めていたのであろう」とある。

カイノキの学名はピスタチア・シネンシス・ブンゲ（*Pistacia chinensis* Bunge）といい、ウルシ科の落葉高木である。樹高は三〇メートル、樹齢は七〇〇年にも達するといわれている。葉は対生の羽状複葉。成木となり開花するまでにはかなりの年数を要し、しかも銀杏のように雌雄異株であるため、互いに近くにないと結実しない。

林野庁資料室には白沢保美博士の青島出張の際の報告書が保存されており、そこには「曲阜孔子ノ墳墓上ニ直径三尺ニ達スル大木アリ。同所ニ存ル子貢手植ノ楷ト称スルモノハ即チ此ノ樹種ナリ。材ハ器具車輛又ハ船用トシテ賞用セラル」と書かれている。一方、先の松澤周輔氏によると白沢保美博士には手記が残されていて次のことが記されているという。

孔子の墓門に入りて享殿（献祭殿）の後に至れば子貢手植えの楷と称するものあり、今は枯朽して僅にその幹の下部を残すのみなるも、これを繞らすに磚瓦及びセメントを以てせり。而して此付近には此の木の大木多し。就中孔子の墳墓上に生ずるものは、幹の径五尺ありて横臥蜿蜒長く延長して枝葉墳墓の半部を覆えり。予が種子を獲たるものはこの樹なり。

この手記と林野庁資料室の報告書とを比べると、墳墓上のカイノキについて径の相違など疑問が出てくるが、いまとなっては明らかにすることは困難であろう。博士がこの地からカイノキの種子を持ち帰ったという事実の確認をもってよしとしておきたい。

カイノキは、わが国では好事家の間で珍木中の珍木とされてきたが、国内のいくつかのところで実を結ぶ木がではじめて、最近ではかなり見かけるようになってきた。埼玉大学にも一本であるが植えられている。大学の正門からメインストリートをしばらくすすむと生協の第一食堂がある。その少し先の小道を左に入ると、若い木がたっている。解説が付いていて、この木は栃木県の足利学校にあるカイノキの系列とのことだ。

湯島聖堂の構内にはひときわ大きな孔子像があるが、その近くにあるカイノキのわきに由来を記した立て札がたっている。第一生命の会長であった矢野一郎氏によるものである。矢野一郎氏は、かつて（昭和三〇年代から四〇年代にかけて）『日本経済新聞』に数度にわたりカイノキに関する随筆を寄せている。そのなかで、「白沢保美博士から楷樹の一本を父がいただいて、今日亭々たる大木になっている」と書いた。そんな縁から「楷樹の由来」を記すことになったのであろう。全文を転記しておこう。

楷は曲阜にある孔子の墓所に植えられている名木で初め子貢が植えたと伝えられ今日まで植えつがれてきている　枝や葉が整然としているので書道でいう楷書の語源ともなったといわ

れている
わが国に渡来したのは大正四年林学博士白澤保美氏が曲阜から種子を持ち帰り東京目黒の農商務省林業試験場で苗に仕立てたのが最初である　これらの苗は当聖廟をはじめ儒学に関係深い所に頒ち植えられた　その後も数氏が持ち帰って苗を作ったが性来雌雄異株であるうえ花が咲くまでに三十年位もかかるためわが国で種子を得ることはできなかったが幸いにして数年前から二三個所で結実を見るに至ったので今後は次第に孫苗がふえてゆくと思われる
中国では殆ど全土に生育し黄蓮木黄兒茶その他の別名も多く秋の黄葉が美しいという
台湾では爛心木と呼ばれている　牧野富太郎博士はこれに孔子木と命名された
孔子と楷とは離すことができないものとなっているが特に当廟にあるものは曲阜の樹の正子に当たる聖木であることをここに記して世に伝える
　　昭和四十四年秋日

ところで、このなかにカイノキは「書道でいう楷書の語源ともなったといわれている」とある。たしかに一部ではそうした推論があるが、断定されるまでには至ってない。

東京の北区に飛鳥山公園がある。桜の名所として知られており、公園内には三つの博物館が並びたっている。北区飛鳥山博物館、紙の博物館、渋沢史料館である。このうち渋沢史料館は以前は公園内のすこし高台にある旧渋沢庭園内にあり竜門社渋沢史料館といった。カイノキのいわれを調べるため、渋沢栄一翁の邸宅跡のこの史料館を何度か訪問し、その都度、史料館の主幹であった塚田孝雄氏から様々なことを教えてもらった。中国の『太平御覧』や『説文解字注』には、孔子が亡くなったときに弟子がそれぞれ各地の樹木を持ってきて墓に植えたが、カイノキはその一種であると記されていること、『山東通志』には孔門十哲のひとり子貢が植えたとあり、『五雑俎』に子貢の植えたカイノキは枯れたが遺種延生して繁茂していると記載されていること、などである。その塚田主幹に「カイノキは楷書の語源であるとする説があるが」と尋ねてみたことがあるが、「そう結論づけるのは難しいのではないか」とのことであった。渋沢栄一翁にも白沢保美博士からカイノキが贈られ、飛鳥山の邸内に植えられたが、戦災で焼失したとのことである。現在は、若いカイノキが数本たっている。

『大漢語林』で「楷」を見ると、「①ウルシ科の落葉高木。曲阜（山東省内）の孔子廟に弟子の子貢が植えたといわれる木。孔木。②書体の一。一点一画もくずさずに正しく書く法。真法。「楷書」③かた。のり。手本。「楷式」④のっとる。かたどる。「模楷」⑤ただしい。」とある。他の漢和辞典においても「楷」の字義はほぼ同様であり、カイノキ（楷樹）を楷書の語源とする記述はない。おそらく「③かた。のり。手本。」、「④のっとる。かたどる。」、「⑤ただしい。」という意味から、「①ウルシ科の落葉高木」であるカイノキと「②楷書」を結びつけて楷樹語源説が唱えられたのではないか。

さらにカイノキについては、これを「学問の木」と呼ぶことが多くなっている。岡山の閑谷学校では以前からカイノキを「学問の木」と名づけており、埼玉大学のカイノキもその趣旨で植えられているわけだが、いまや大学・高校といった教育機関、あるいは図書館や博物館などの社会教育施設にまで、カイノキがひろく植樹されるようになってきた。孔子は儒家の始祖であり、「学問の神様」としてもあがめられている。その墓所を覆う子貢のカイノキは、いわば儒学のシンボルツリーであり、このことからカイノキを「学問の木」と命名することは理屈からも心情的にもかなっているといえるだろう。

「学問の木」と呼ぶ由来に関しては、もうひとつ見方がある。ニュートリノの研究でノーベル物理学賞を受賞された小柴昌俊名誉教授の受賞記念に、東京大学では二〇〇三（平成一五）年一月一六日、小柴名誉教授夫妻、佐々木総長、各部局長、事務局長らが参列して植樹式典がとり行われた。理学部一号館正面玄関に、カイノキが植えられたのである。学内広報は「カイノキは儒学ゆかりの木として、科挙の進士に合格したものにはこの木で作った笏《しゃく》を与えたという。いわば『学問の木』である」と伝えた。科挙と笏との関連からカイノキを「学問の木」とする見解であり、一歩すすんだ解釈である。大阪大学でも、基礎工学部が学部創設四五周年の記念樹として植樹した際、「楷の木は科挙の合格祈願木となり、歴代の文人が自宅に植えたことから『学問の木』と言われるようになりました」といわれが述べられている。

中国には官吏登用試験である科挙の制度があった。進士に合格すると栄誉を祝してカイノキでつくられた笏が与えられたといわれている。そこで進士の試験をめざす者たちがこぞって自宅の庭にカイノキを植えたことから「学問の木」と称されるようになったというのだ。しかしこれについては、これまでのところ確たる裏づけがあるわけではない。「学問の木」の呼称が、はたして中国の科挙制度にさかのぼることができるかどうか、同好の士の今後の調査に期待したいところである。

いずれにしてもカイノキは、これからも全国にますますひろまっていくことは間違いのないことであろう。

さて、北浦和の公園のカイノキへもどろう。

この公園はすこし入り組んでいる。埼玉県立近代美術館のあたりは県の「北浦和公園」であり、カイノキのたつ南側はさいたま市の「浦和北公園」である。ふたつが一体となって使われているのはよいのだが、名称がまぎらわしく、市の浦和北公園は通称「老人公園」ともいわれているので、外部のものにはわかりにくいことがある。

カイノキのそばに立て札が立っているが、そこには「浦和市教育委員会が昭和四八年四月十一日付けでこの楷樹を市の指定天然記念物に指定します」と書いてある。さらにそれに続く解説には、「ここには旧制浦和高等学校がありました。その浦和高等学校の教授が中国の曲阜の孔子廟を訪れてその孔子廟にある大楷樹の種子を持ち帰って発芽させ、ここの植物園に植えたものです」とある。白沢保美博士ではなくて、旧制浦高の教師が孔子廟から持ち帰ったと書かれているのだ。しかし、これについて私は疑義を抱いており、立て札の説明は、何かの情報の行き違いによっているのではないかと考えている。

埼玉大学名誉教授の江森貫一という方がいらした。江森先生は埼玉大学の前に旧制浦高でも教壇にたっている。行田市に住み、植物学が専門であった。

昭和四六年のことだが、行田市の小針《こばり》という地区にゴミ焼却場を建設しようということで工事が着手された。造成工事で掘削をすると穴ができ、その穴に水が溜まり、あたかも池のようになる。この池の水面に、丸い葉がたくさん浮かんだ。蓮の葉である。土の中で深く眠っていた蓮の実が工事によって掘り起こされ、自然発芽したのではないかということで、行田市の教育委員会は、地元に埼玉大学の教授で江森先生という専門家がいるので、調査を依頼してみようということになった。江森先生は、当時古代蓮として大賀ハスが知られていたのでそれを参考にするとともに、掘削によって出てきた縄文土器も参考にしながら、これは古代蓮に間違いない、二五〇〇年から三〇〇〇年前のものと推定した。行田市はゴミ焼却場の建設工事を中止し、ここに古代蓮の里を整備することにした。現在は古代蓮会館がたっており、五〇メートルの高さの展望塔もある。毎年七月には、地元だけでなく遠方からもたくさんの人が訪れている。

その江森先生と親交のあった松澤周輔氏は、北浦和のカイノキの事情について江森先生から話を聞き、それを同好会の『つゆくさ』という機関誌（平成元年三月一日発行）に綴った。

私は妻同伴で行きなれた行田市長野の江森先生宅を訪れ、北浦和公園のカイノキについて色々なお話を伺った。先生は埼玉師範出の私の先輩で、旧制浦高の時代から埼玉大学に昇格してからも長く植物分類学を教授された方で九十才を越えた今も極めて矍鑠である。先生のお話はこうである。

北浦和公園のカイノキは、白沢博士が大正四年に孔子廟から持ち帰った種からの苗を大正十一年頃に当時の浦高に二本持って来られ、その中の一本を私が預かって生物教室の前に植え込み他の一本は当時の浦和中学に寄贈された……。

松澤周輔氏は、さらに知己の二人の方の見解にもふれながら、北浦和のカイノキの出自について、白沢保美博士が種を播き育てた苗木が寄贈されたものであろうと結論づけている。

しかしこれに対し、江森先生は別のところで別のことを述べている記述がある。それは昭和四九年三月六日に湯島聖堂の斯文会が発行した『聖堂夜話』（鈴木三八男編）である。すこし長くなるが、鈴木氏が書かれた関係箇所を紹介しよう。

浦和に嫁いでいる筆者の娘から、昨年昭和四十七年九月三十日（土）附の毎日新聞埼玉版の切抜きが届けられた。それは「カイの木も、はばたく」と題し、副題に「孔子廟から持ち歸った種子、いま五十年、そびえたつ」と記されている。記事によると、浦和市北浦和の埼玉大學跡地（現在の浦和市立老人公園）に五十年前、日中兩國のきづなに結ばれて、珍しい樹木がスクスクと育っている。中國の孔子廟から拾ってきたカイの木の種子から出た苗木を植えたのが大正十一年。それがもう木の高さも一五メートルになった。江森貫一元埼大教授（植物學）の話では、縣内にはただ一本しかない珍木といわれ、浦和市教委でも市の文化財に指定するよう審議會に諮ることになった。紅葉の季節に向けてカイの葉は、間もなく色づいていく――とあり、更に詳しい話が載っている。それによると、（中略）江森さんの記憶では、大正期に舊制浦高の漢文の教師（名前は失念したとか）が、中國に二年間留學、歸國する時中國・曲阜の孔子廟前のカイの種子を拾って持歸った。カイは發芽しにくい木で、江森さんは林學者として有名な白澤保美博士に託し、都内の林業試驗場で發芽させてもらった。大正十一年、白澤博士から苗二本が屆き、一本は（浦高）博物教室の温室の前に植え、もう一本は舊浦和中學の庭に植えた。浦中のカイは、その後校舎移轉で伐採され、縣内では老人公園の一本が殘っているだけという。

江森さんは、「珍木だということで、大切に見守ってきました。苗木をふやそうと思って、足利學校のカイを見に行きましたが、埼大のも足利學校のも雄木で、種子がとれませんでした」という。今度の大學移轉にあたって、新しい學園に移植しようという話もあったが、移轉して枯死させては……と殘した。江森さんの話で、浦和市教委も文化財（天然記念物）指定に乗氣。このほど江森さんらと指定準備のため調べたところ地上一・五メートルの幹周回が一二七センチ、樹高一五メートル、枝張り一三メートルに育っていた。

こうして北浦和のカイノキは、昭和四八年四月一一日に市の天然記念物に指定されることになる。浦和市教育委員会が昭和四九年三月に公にした『浦和市文化財調査報告書第十八集』には、「カイノキの概要」として次のように記述されている。

この木は、大正十四年に旧制浦和高等学校の漢文科の教授が中国出向のときに曲阜の孔子廟を訪れ、墓上を覆っている大楷樹の種子が落ちていたのを数個拾い、帰国してから播種育苗し、記念にと生物教室に寄贈されたので、教室前の植物園内に植栽し、大切に管理してきた木である。

現在の北公園（老人公園）は、大正十年に浦和高等学校（旧制）が開校され、戦後、埼玉大学文理学部となったところであるが、現在でも旧浦和高等学校植物園の樹木の一部が残されている。それらのなかで、このカイノキは、東洋の聖人孔子の廟から得た種子によって育てあげたという木であり、また旧制浦和高等学校の歴史を語る木でもあり、まことに記念すべきものといえる。

なお、わが国にカイノキが入ったのは、白沢林学博士が大正四年に中国山東省に出張の折、曲阜の孔子廟で拾った種子より育苗し、国内の孔子にゆかりのあるところに配布したのが最初であり、国内では数の少ない木である。

こうしてみると、真相ははたして如何というところだが、もっとも気がかりなことは、旧制浦高の漢文科教授であったという方の存在である。文化財として指定するにあたり、浦和市教委では必要かつ十分な調査をしたことであろう。だが、中国に二年も留学したからにはそれなりの記録が残されているはずであるが、市教委の調査報告書を見るかぎり、人物像が浮かんでこない。氏名すらないのである。本人の説明を得ることなく、もしくは本人の復命書等の確認をすることなく、文化財指定の審議がおこなわれたのであろうか。また「墓上を覆っている大楷樹の種子を数個拾い」といった臨場感のある記述は、いったいどのようにして可能となったのだろうか。

他にも、松澤周輔氏と聖堂夜話と市の調査報告書のあいだには、曲阜を訪れた時期など符合しない点がいくつかある。すでに述べたように、私自身は白沢保美博士が曲阜で採取した種子が、いま北浦和の公園で緑陰をひろげていると考えている。

北浦和のカイノキが、わが国に最初に生育したうちの一本であるのか、あるいはその後のものなのか、いずれ機会があれば、たとえば県や国の天然記念物として指定を検討するといったようなときにでも、専門家の叡知を集め、検証していただきたいと願っている。

2　本多静六博士のこと

東京の日比谷公園の中央に「首かけイチョウ」といわれる老木がある。レストラン松本楼の前であるが、ご存知だろうか。

明治三五（一九〇二）年、いまの日比谷公園前の道路の拡張がおこなわれることになり、日比谷見附（現在の日比谷交差点脇）にあった大銀杏が切り倒されることになった。東京帝国大学農科大学教授であった本多静六は伐採中止を懇請し、移植は「自分の首をかけて責任を持つ」と申し出た。移植に成功した大銀杏は、いつしか「首かけイチョウ」といわれるようになり、公園内の一番の大木としてあたりを睥睨している。

日比谷公園のほぼ中央にある「首かけイチョウ」

本多静六博士は「日本の公園の父」と呼ばれ、全国大小数百の公園の整備にかかわった。東京であるならばこの日比谷公園とか明治神宮（内苑）、埼玉であれば大宮公園・羊山公園、千葉では清水公園、群馬であれば敷島公園などである。

カイノキをわが国にもたらした白沢保美博士は、本多静六博士の弟子であった。本多静六博士が大学で林学を講じていたときの学生であった。

本多博士は埼玉県菖蒲町（現・久喜市）の出身であり、代々庄屋をつとめた折原家に慶応二（一八六六）年に生まれた。六男坊であった。九歳のときに父親が急死し、以来、借金のなかの苦しい生活を余儀なくされたという。一四歳のときに上京して元岩槻藩塾長のもとで住込みの書生になり、一七歳のときに東京の王子に創設された東京山林学校に入学する。この東京山林学校は後に東京農林学校から東京農科大学となり、現在の東京大学農学部へと発展する学校だが、東京山林学校に入学したとき、静六は五〇人の入学者の中で成績は最下位だったそうである。さらに一学期の試験にも落第してしまい、己のふがいなさを嘆いて自殺まで試みたが、以後、猛勉強をして、卒業のときには首席で銀時計を拝受した。

卒業する前、二二歳のときに静六は結婚をする。相手は本多晋《すすむ》という人の娘・詮子《せんこ》であった。本多家は一橋家の家臣で、本多晋は戊辰戦争のときに彰義隊の頭取であった人物である。新政府軍と旧幕府側との抗争が戊辰戦争だが、東京の上野でもいくさがあり、上野戦争といわれた。静六はそのときの彰義隊の頭取の娘と結婚し、婿養子となった。折原という姓から本多にかわり、本多静六を名乗ることになる。

本多博士は結婚の経緯について、『本多静六体験八十五年』の中でこんなことを述べている。

私に結婚問題が起ったのは、私が本科二年生の終り頃、二十三（注・数え年）の春であった。或る日松野はざま先生（注・林学科の教頭）が、「彰義隊の頭取をやった本多晋という人のところで、一人娘に婿をとることになり、両親と娘の希望が、ぜひ大学の首席をもらいたいとのことで、父親が僕のところへ頼みにきたんだが、ちょうど君が首席だし、しかも六男だそうだから、君を推薦した。どうだ、行く気はないかね」と切り出したのである。

続けて、次のように記している。すなわち、本多家がそんな「高慢ちきな注文」を出したのは、ひとり娘の詮子が才媛で、父親が上野の敗戦後外遊した関係で六歳のときから英国人の女性宣教師に預けられていて、英語は頗るつきの達者であったこと、当時唯一の最高女学校であった竹橋女学校で首席を通し、時の皇后陛下の御前講義をつとめたりしたこと、海軍々医学校に特例として入学し、四年の学科を修め医術開業試験にも及第したこと、当時私立済生学舎の女医もすでに二人いて詮子は三番目の女医であったが、官立学校出では最初であったこと、したがって世間からあれこれともてはやされ、本多家の矜持は高く、婿は娘よりもできた人でなければいけないということでたやすく候補者が得られず、ついに私に声がかかったのだろうと、そんなことを述懐している。

詮子の圧倒的な才媛ぶりと本多家の自負もさることながら、ここに示された本多博士の自信とプライドはそれをなお上回るものがあり、読むものにとってはただ恐れ入るばかりである。しかし、八五歳のときの自叙伝でこのように披瀝した背景には、それなりの確信が根拠としてあるのである。

なお、わが国の女医一号は埼玉県大里郡妻沼町（現・熊谷市）出身の荻野吟子女史であり、二番目の女医は深谷市出身の生沢クノ女史である。そして三番目が、埼玉県の出身ではないが埼玉にゆかりのある本多詮子ということになる。

結婚後、静六は大学を卒業すると同時にドイツに私費留学をする。本多家側から留学の費用を負担することが結婚の条件として提示されていたのかもしれない。本多静六は、まずドイツ東部ザクセンのドレスデンの郊外にあるターラント高等山林学校（現在のドレスデン工科大学林学部）で半年、その後ミュンヘン大学で約一年半学ぶ。厳密には合わせて一年と一一月。その二年弱という短い期間でドクトル・エコノミーの学位を取得する。そして日本に戻ってきて母校の助教授、教授として活躍するわけである。

本多博士の出身地菖蒲町では、平成一四（二〇〇二）年、『本多静六博士没五十年記念誌』を出した。五〇ページほどの冊子である。そこに、東京農工大学名誉教授の阪上信次氏による「ターラント高等山林学校と本多静六」が収録されている。それによると、本多静六がターラント駅に着いたのは明治二三（一八九〇）年五月八日であった。翌九日の日誌に、履修に関する記述がある。

学課は二年で卒業できるようになっている。しかし学生は三、四年かけて卒業している。私は二学年に入れられたため一年で卒業できる見込みである。私はことごとく学科に出るため、学生はみな驚いていた。

本多静六は夏期ゼメスター（四月九日～八月中旬）が始まった一か月後の五月九日から授業に出席し、八月中旬までの四か月間、集中して勉強した。月曜から金曜は、午前七時から一二時まで講義、午後二時から四時ないし七時ころまで実習または野外研修、土曜は通常授業はないが、ときとして研修旅行または実習となっている。日誌によると、午前の講義はすべて受講し、午後の実習や土曜の研修旅行にも積極的に参加した。そして九月六日、修業証書を受けた。一年の履修予定をわずか四か月でおわらせたのである。

翌一〇月、本多静六はミュンヘン大学へ転校した。ミュンヘン大学での生活については、竹内均氏の解説に詳しい。平成一六（二〇〇四）年に亡くなった地球物理学者竹内均氏は、東大理学部教授を退官後、科学雑誌『ニュートン』の編集長として活躍され、ふちの厚いメガネはテレビでおなじみであった。本多博士の著作に『わが処世の秘訣』（三笠書房、一九八五年）があるが、竹内氏はそこに解説を書いている。それを参照しながら話をすすめよう。

ミュンヘン大学へ移って一か月後、養父である本多晋から手紙が届いた。四年間の洋行費用として用意していた四千円が詐欺にかかったので、そのつもりで勉強してくれ、という内容であった。そこで本多静六は決心する。四年間の留学予定を二年間に縮め、その間にドクトルをとろうという決心である。二年のうちすでに半年はすぎている。したがって本多静六の勉強はすさまじいものとなった。学友の間に「本多くらい勉強する男は世界に二人とはいまい」という評判がたつほどだったという。

ミュンヘンへ移って一年ちょっと経ったときに、指導教官から「ドクトル・エコノミーの試験を受けてみよ」といわれた。まず論文試験に合格し、残るは口述試験と演説討論試験となった。口述試験の試験官は当時世界一流の経済学者であったルヨ・ブレンターノ（Lujo Brentano）教授であった。ブレンターノ教授は試験の厳しさで知られており、また「ドイツ人でさえ四年以上かかるドクトル試験を、ここへ来て一年あまりしか経っていない本多が受けるのは無謀なことだ」として反対していた。本多静六は必死になって勉強した。そして明治二五（一八九二）年三月、ついに口述試験に合格し、ドクトル・エコノミーの学位を得た。

このときの勉強ぶりを、本多博士は『わが処世の秘訣』で次のように想いおこしている。

ブレンターノ教授は、ミュンヘン大学では、未だかつて在学二年以下で学位を与えた例がないと反対されたが、私を贔屓にしてくれる先生達が、とにかく論文が通過しているのだから、学術試験の上でできなければ落第させればよいではないか、と主張して私の受験を許可してくれ、あまつさえ贔屓の先生がわざわざブレンターノ先生の学科を充分にやれと注意してくれたので、ブ先生講義の種本である「エーアベルグ」の財政原論全部の暗記にとりかかった。初めは一頁もできず、おまけに翌日はケロリと忘れたが、七日ばかり決死努力の結果、ようやく精神が集中統一されて記憶力がよくなり、二～三度で十枚でも二十枚でも暗記でき、ついに三週間目に二百五十七頁一字残らず全部暗記してしまい、辛くも困難なブ先生の口頭試問を通過し、次いで学位授与式の演説討論にも打ち克ち、ここに初めて国家経済学ドクトルの学位を与えられた。これ実にドイツ着の日から、丸一年と十一ヵ月目であった。

ドイツの地で、四年を二年に縮めてドクトルの学位をとるための生活には、経済的に過酷なものがあったはずである。本多静六が苦学を終えて帰国するとき、ブレンターノ教授はそのことについて次のように諭したという。「お前はよく勉強するが、今までのような貧乏では仕方がない。いかに学者でも優に独立生活のできるだけの財産がなければ、常に金のために自由を制せられ、学者の権威を維持することができないから、帰朝の上はまず倹約努力して貯蓄をし、その貯金を大いに有利に投資するがよい」。本多博士はのちに、「これは私のもっとも感激した教訓」と述べている。

博士は帰国後、このアドバイスにもとづき実践を開始する。それは「四分の一天引き貯金」である。母校の教員としてつとめはじめた博士は、毎月の給料から四分の一を必ず貯金して、四分の三だけの生活を厳守する。賞与や本の印税などの臨時収入もすべて貯金にまわす。たとえ苦しくても、ごま塩で食事をしても続けるという徹底ぶりであった。本多博士のお孫さんの本多健一氏（東京工芸大学元学長）は、「祖父の思い出」としてこんなことを述べている。「祖父は感謝は物の乏しきにありと何時も云い、質素倹約を旨としていたので、私にもお菓子やらおもちゃをくれたりしたことはなかった。またこちらからおねだりしても駄目であった」。こうして財を築いていくわけであるが、あまりに徹底した蓄財ぶりを見て、一部の人は本多博士を吝嗇家のように評した。しかし、博士は蓄えた財を、ほとんどすべて公益関係や育英関係に寄付した。東京帝国大学を昭和二（一九二七）年に定年退職するのだが、そのとき最小限だけの財産を残し、他は全部、公益・学校・育英などの団体へ寄付したのである。

そのひとつに「本多静六博士育英基金」がある。埼玉県の西部に位置する秩父郡大滝村（現・秩父市）の西端に約二七〇〇ヘクタールの山林を所有していたが、これを昭和五（一九三〇）年に埼玉県に寄贈した。県ではこれを博士の意向にそい奨学金として運用していて、奨学金を受けた学生は平成二〇（二〇〇八）年度までの累計で一六四〇人にのぼっている。

本多博士はブレンターノ教授の人生を意識しながら、己の人生を描いていったのではないかと思われることがある。そもそもブレンターノ教授の教えを守って謹厳な倹約家として貫きとおしたことにそれがあらわれているが、博士は生涯で三七六冊もの本を書いたが、最後の本は、先に紹介した八五歳のとき、昭和二七（一九五二）年の『本多静六体験八十五年』（大日本雄辯会講談社）という自叙伝である。一方、ブレンターノ教授も、一九三一年に八六歳で亡くなってい て、専門の国民経済に関する多くの著作物があるが、もっとも知られているのは八六歳の一九三一年に出版された『ドイツの社会政策の発展に捧げた我が生涯』（Mein Leben im Kampf um die soziale Entwicklung Deutschlands）という自伝だといわれている。つまり本多静六博士は、自らの生涯の最終段階で三七六冊目の本として自叙伝をまとめ、それを書き終えるとともに逝去されたのであるが、それはブレンターノ教授の足跡を深く己の意識においていたことを示しているのではないか、と思うのである。

ブレンターノ教授は、著名な社会改良主義的経済学者であり、ミュンヘン大学の彼の教授ポストは重く、後任はかのマックス・ウェーバー（Max Weber）であった。マックス・ウェーバーはゲッティンゲン、ベルリン、ボンの各大学の申し出を断り、一九一九年にミュンヘン大学の招聘に応じるとともに、この年、同大学で「職業としての政治」の講演を行っている。

ブレンターノ教授は学者としてひろく名を知られていたが、今日ではさらに、すぐれた教育者であったとの評価もされている。たとえば本多静六博士の後にブレンターノ教授に師事した日本人に福田徳三博士がいる。福田博士はミュンヘン大学でドクトルの学位を取得して一橋大学や慶応大学につとめ、社会政策学会で中心的なメンバーとして活躍し、大正デモクラシーの旗手のひとりでもあった。ドイツのコブレンツという町にドイツ連邦共和国の公文書館（Bundesarchiv）があるが、そこには福田徳三博士が恩師ブレンターノ教授に宛てた書簡が保管されているとのことだ。

では、本多静六博士とブレンターノ教授とのその後の交流はどうであったのか。これを調べるのは今後の課題だが、いずれにしても本多静六博士はその生涯にわたってブレンターノ教授を師として仰いでいたことは想像に難くない。国際的な広がりの中で、私たちの先駆者をこのように理解できることは、まことにたのしいことである。

なお、本多博士の自伝が復刊されている。実業之出版社から二〇〇六年に『本多静六自伝・体験八十五年』として出された。一月に出版され、二か月で約二万部が出たとのことで、読者層は三〇代から高年者まで幅広く、とくに三〇代、四〇代が半分以上を占めているという。これを報じた同年四月二一日の『朝日新聞』（夕刊）は、「痛快かつ誠実な生涯が、静かな共感を集めている」と伝えていた。

また、文中で引用した『わが処世の秘訣』は博士の人生論であり、今日的に表現すれば「自己実現」について語るとともに幸せな人生とは何かをテーマにしている。これまでこの書の内容を、私は結婚披露宴でのスピーチや管理職の研修などに何度も使わせてもらった。

結婚披露宴の場合は、「幸福になる秘訣」として博士があげている「六つの要素」からであるが、参考までに列挙してみよう。

①　心身が健康であり、健全で豊かな知識を持つこと。
②　人間の欲望にはきりがないものであり、物心ともに満足することを学ぶこと。
③　自分の力で財を得るように努めること。
④　物質的欲望は際限がなく、心の持ち方が大切であること。
⑤　生活が常に上り坂であること。
⑥　自分と社会が共存共栄の関係にあることに留意すべきこと。

教員や公務員の管理職研修では「上に立つ者の十二カ条」が参考になるので、これも列挙しておくことにする。

①　人の長所を活用すること。
②　部下の仕事は結果で評価すること。
③　約束を忘れぬこと。
④　熱意をもって指導すること。

⑤　不快を感じさせないように忠告を与えること。
⑥　「厳しさ」と「親しみ」の絶妙なバランスをとること。
⑦　部下を名前で呼ぶこと。
⑧　部下の長所を伸ばすよう配慮すること。
⑨　公私の別を明らかにすること。
⑩　よき職場の風土を部下自らにつくらせること。
⑪　仕事は部下にさせ、責任は上司が負うこと。
⑫　重要な問題に対して即答しないこと。

このように箇条書きにすると、いずれも至極当り前に見えるかもしれないが、八五年の人生をこうした信条のもとに確固として歩んでこられたことに思いを致すならば、その重みには格別のものがあるといえる。

3　青島とベートーヴェンの第九

四国の徳島県鳴門市にドイツ館がある。一九七二（昭和四七）年に建設されたが、施設が老朽化するとともに収集資料が増加して手狭になったため、一九九三（平成五）年一〇月一三日、現

1993年10月13日（オープン当日）のドイツ館と筆者

在地に新築移転した。この日、たまたま出張で徳島を訪れた私は時間をやりくりして、紅白の幕がはられ開館式典の余韻が残る館内を一巡し、坂東俘虜収容所に収容されたドイツ兵の生活や地域の人々との交流を示す資料を通覧することができた。

白沢保美博士が青島に出張したのは第一次世界大戦のときであった。大戦の背景は、三国同盟（独・墺・伊）と三国協商（英・仏・露）との対立であり、日本は日英同盟を口実に協商国側について参戦した。一九一四（大正三）年八月二三日、ドイツに宣戦し、一〇月に海軍が赤道以北のドイツ領南洋諸島を占領、一一月に陸軍が中華民国山東半島のドイツの軍事基地青島を攻略した。

愛知県立大学教授をつとめられた冨田弘氏に、『板東俘虜収容所』（法政大学出版局、一九九一年）

という貴重な著作がある。逝去された後に遺書刊行会の尽力によって上梓されたもので、冨田氏の長年にわたる在日ドイツ人俘虜の実証的な研究成果が収録されている。また、高知大学教授であった瀬戸武彦氏には、「青島をめぐるドイツと日本」に関する詳細な論文がある。それらを参考にしながら、青島の当時の状況と収容所の様子を見ることにしよう。

ドイツが青島を租借地としたのは、一八九七年、二人のドイツ人宣教師が山東省曹州府鋸野縣で殺害されるという事件が発端であった。これをドイツは「望んでいたきっかけ」として、当時は小さな漁村であった青島港を無血占領した。翌九八年、軍事力を誇示しながら中国と条約を締結し、五五〇平方キロの面積と一〇万の人口をもつこの地域を、九九年間租借する権利を取得した。青島は、その後一〇数年の間に商船隊や艦隊の基地につくりかえられ、港の背後の山々には砲台が備えられて、太平洋におけるドイツ植民地防衛のための要塞となった。

欧米人街と中国人街とに分かれた青島の町には、ドイツや外国の商館、中国人の商社が多く、「まったく新しく建設された都市には六万の住民」がいた。教育施設としては、おもにドイツ人子弟のための九年制の総督府立学校があり、一九一四年には二三五名の生徒が在籍し、高等女子部もおかれていた。中国人のためには予科と本科からなる独支大学が設立されており、また租借地内の中国人子弟のための小学校は、一九一四年までには一四箇所を数えた。教員養成所もおかれ、小学校の教員はすべて中国人であったが、その多くは養成所の出身者であったという。

中国では一時期山林の伐採が盛んにおこなわれ、青島近辺もほとんどが禿山であった。青島が緑ゆたかなまちとして称えられるようになったのは、「ひとえにドイツによる植林によるものであった」とされる。ドイツ植林は「全アジアのお手本」とまでいわれ、独支大学には林学科もあった。白沢保美博士の青島出張の目的は、アジア全体にとって手本とまで称賛された植林の調査が含まれていたのだろう。

ドイツ軍は日本軍との戦闘で、開戦七七日後の一九一四年一一月七日降伏し、重傷の兵士などを除く約四七〇〇名が俘虜として日本各地の収容施設に送られた。当初は、東京、静岡、名古屋、青野原（兵庫）、大阪、松山、大分、徳島、丸亀、久留米、福岡、熊本の一二収容所であった。一九一七年二月に大阪俘虜収容所を広島県似島検疫所に併設された収容所に移し、四月に四国の三収容所（松山、徳島、丸亀）を現在の鳴門市坂東町桧に集中して板東俘虜収容所とした。似島収容所には、バウムクーヘンを日本に広めることになるパン職人カール・ユーハイムもいた。

板東に集結させられたのは、将校・准士官二一名、下士官・兵九一七名、文官等一五名の九五三名であった。所長には、徳島の所長であった歩兵大佐松江豊寿が発令され就任した。板東俘虜収容所のドイツ人は、一九二〇年に解放となるまで、俘虜となってからの通算では五年数か月、板東へ移ってからは二年一〇か月ないし三年を経て自由の身となるのである。

『鉄条網の中の四年半』という詩画集がある。出版元に尋ねたが絶版とのことで、埼玉県立浦和図書館で見ることができた。奥付は「昭和五四年一一月一八日初版発行、阿波文庫（別冊）」となっている。これは一九一九年秋に、板東収容所に収容されていたW・ムッテルゼーのスケッチとK・ベーアの詩（直筆の文字）を収容所内の印刷所で制作したものを、訳と解説を加えて世に出したものである。訳・編は林啓介氏があたり、訳詩の推敲を扶川茂氏が担当した。いずれも徳島の教師である。

「あとがき」で林啓介氏はこのようにいっている。

　私は鳴門市のドイツ館で、半世紀の風雪に耐え色褪せた表紙も痛ましいこの詩画集を、初めて手にした時の感慨を今でもはっきりと思い起こすことができます。実に精緻な捕虜生活の描写もさることながら、一見飄々としてユーモラスにさえ感じられる軽妙な筆づかいの中に、異国の俘囚のやり場のない哀愁と望郷の思いが音もなく渦巻いている気がしたのです。

　そして自分の訳文を、H氏賞候補にものぼった扶川茂氏に依頼し、練り直してもらったのである。

林氏はさらに、「解説」において収容所についていろいろ語っている。要約して紹介しよう。

極めて短期間の戦争であったため、わが国には捕虜収容のための施設に乏しく、急場しのぎに古い寺や老朽家屋をあてる状況で、劣悪な衛生設備や過密を強いる収容所が多かったのが実情である。ドイツ政府の再三の要請を受けて、当時中立国のアメリカの外交官が調査官として各地の収容所を視察したのも、こうした事情からであった。

そうした中にあって、板東俘虜収容所は一九一七年に四国の丸亀、松山、徳島の三収容所を統合するために新しく建造されたものであり、所長に任じられた松江豊寿大佐は、すでに徳島の収容所所長時代に不備な環境下にありながら、捕虜をあくまでも人間として尊重する人道的な立場を貫き、苦情のない例外的な収容所として、調査官を驚嘆させた人物だった。

やがて「緑多き山水明媚」な板東収容所はさながら小さな村の趣を呈し始めた。中心部には、時計店、理髪店、写真屋、鍛冶屋、レストラン、浴場、ボーリング場等八〇軒が密集する商店街となり、また他の一角には、彼等が「バンドー大学」と呼んだ活発な体育・文化活動の拠点があり、図書館、印刷所、郵便局、体育協会、各種案内所等が立ち並ぶようになった。こうして自主的な運営によるさまざまなスポーツ大会、講座、音楽や演劇の公演等が毎日のように繰り広げられていたのである。

収容所の生活の、生き生きした様子が目に浮かぶようであるが、それは、所長の松江大佐の存在を抜きにしては考えることができない。松江豊寿大佐は現在の会津若松市の出身で、会津藩士の家に生まれた。会津戦争に敗れた会津の藩士に対し、薩長ら新政府軍の糾弾は苛酷であった。戦死者を「賊徒」として埋葬を許さず、死体は風雨に晒され悲惨を極めたと伝えられる。これが史実かどうかの詮索は別の課題となるが、松江所長が、敗者の心情を十分おもんばかることのできる人であったのは相違ないだろう。林氏は「解説」で、収容所の大勢のドイツ人が、彼らの進んだ西洋式農業技術を伝えるため地元民と気軽に交際するようになったこと、交流の輪は農牧業を中心に、建築、音楽、スポーツなど多方面に発展したこと、その思い出は日独双方の人々の中に生き続け、元捕虜によるフランクフルトやハンブルグのバンドー会の結成、鳴門・リューネブルク姉妹提携に連なっていることも紹介している。ここにも、収容所の所長として松江大佐がどのような理念を抱いていたかを、うかがい知ることができるのである。

なお、作家中村彰彦は『二つの山河』（文藝春秋、一九九四年）において陸軍大佐松江豊寿を描き直木賞を受賞したが、このなかで林啓介氏を「板東俘虜収容所の研究家」と呼ぶとともに、「あとがき」で「板東俘虜収容所の記述に関しては、特に林啓介氏の二著に負う部分が多いことを明記し謝辞を捧げます」と記している。二著とは『板東ドイツ人俘虜物語』（海鳴社）と『板東俘虜収容所』（南海ブックス）である。

板東俘虜収容所のドイツ兵は、青島の駐留軍だけでなく召集兵が多かった。主として東南アジアに在住していた自国人を予後備兵として青島に召集したという。冨田弘氏によると、東京帝国大学法学部の外国人講師であったドイツ人も召集されて青島へ行き、俘虜となって日本の収容所へ戻っている。自由の身となったあとに大学へ復職したが、その日付が『東京大学百年史』で確認できたとのことである。

召集兵の職業はさまざまで、家具職人、楽器職人、写真家、印刷工、製本工、鍛冶屋、床屋、靴職人、仕立屋、肉屋、パン屋などであった。ドイツ人俘虜は収容所の近くで八つの橋をつくっていて、木製の橋はすでに失われているが、二つの石造りの橋は大麻比古神社の奥に「ドイツ橋」と「眼鏡橋」として現存している。二つともアーチ構造の橋である。

職業軍人だけでなく、幅広い市井の人々が混在する収容所内では、多くの自主的な活動が展開されることになるが、音楽に関係するグループとしては、一九一八（大正七）年八月の時点で四つの楽団と二つの合唱団があった。楽団は「徳島オーケストラ」「沿岸砲兵吹奏楽団」「エンゲル・オーケストラ」「シュルツ・オーケストラ（吹奏楽）」であり、合唱団は「収容所合唱団」と「モルトレヒト合唱団」である。

楽団の構成がどのようであったか、「徳島オーケストラ」を見ると、

指揮者・軍楽兵曹長　一（ヘルマン・ハンゼン）

第一バイオリン　八

第二バイオリン	七
ヴィオラ	五
チェロ	六
コントラバス	三
フルート	二
オーボエ	二
クラリネット	二
オルガン（ファゴットの代用）	二
ホルン	二
トランペット	二
トロンボーン	一
打楽器	二
総員	四五名

となっている。

また、合唱団は二つとも「総員六〇名」であった。

松山、徳島、丸亀の三収容所が統合新設された板東では、一九一七年一〇月に、『バラッケ』という新聞が収容所印刷所で印刷発行された。ドイツ語の「Die Baracke」で、英語では「barrack バラック」であり仮の営舎の意味である。最終号は一九一九年九月号で、丸二年間、週刊から月刊に切り替えながら発行されていた。

冨田弘氏はこの『バラッケ』を詳細に調査・整理している。それによると、一九一七年一二月二日号（一〇号）には、板東へ移ってからの過去八か月分が「収容所日誌」としてまとめて記録されており、収容所においていかに活発な音楽活動がおこなわれたか、全容がほぼ把握されている。「徳島オーケストラ」は、徳島で結成されたのでこの名称を持っているが、板東に移ってわずか一〇日経った四月一七日、第一回の演奏会を開いている。また「エンゲル・オーケストラ」は、一七回の演奏会と三回のシンフォニー、二回のベートーヴェンの夕べを続けた。

このような環境の中で、一九一八（大正七）年六月一日、「徳島オーケストラ」によってベートーヴェンの第九交響曲がわが国で初めて演奏されたのである。

鳴門市立ドイツ館の二階にある資料展示室に行くと、一〇時から一六時半まで「第九シアター」が上映されている。指揮をしたヘルマン・ハンゼンの等身大の人形が司会をし、幕があがると第九の演奏がはじまる。その当時のプログラムも展示されている。

ベートーヴェンの第九交響曲　合唱付　第四楽章まで演奏

「徳島オーケストラ」第二回シンフォニー・コンサート
八〇人の合唱団友好出演
指　揮　沿岸砲兵隊軍楽隊長ハンゼン
独唱者　志願兵ヴェーゲーナー　後備水兵シュテッパン
　　　　志願兵フリッシュ　後備伍長コッホ
一九一八年六月一日　土曜日　（公開本稽古　五月三一日　金曜日）　夕六時三〇分
たばこを吸わないようお願いします。

ドイツ館の一帯はドイツ公園として整備されていて、山の手には二つの慰霊碑がある。ひとつはドイツ兵たちの手でたてられたもので、当時のスペイン風邪などで亡くなった九名に板東以前に亡くなった二人を加えた一一名の名が刻まれている。もうひとつの慰霊碑は、一九七六（昭和五一）年にたてられたもので、日本各地の収容所で亡くなったドイツ兵八七名の名が刻まれている。さらに公園内には、日本で第九の全楽章が演奏されたことを記念して、一九九七（平成九）年にベートーヴェン像が建立された。

板東での演奏が、わが国での第九の初演といえるかどうか、異論もある。ファゴットがないためオルガンが代用されたこと、ドイツ人俘虜に女性はいなかったので独唱と合唱がすべて男性用に編曲されていたこと、収容所内の演奏であったため日本人の聴衆は収容所関係者だけで一般人はいなかったこと、などの理由で初演とはいえないとする意見である。

久留米俘虜収容所のオーケストラのメンバーが一九一九（大正八）年一二月三日に、久留米高等女学校（現・福岡県立明善高校）に出張演奏し、第九の第二・第三楽章を女学生たちに聴かせたので、これを初演とする見解もある。久留米の場合、演奏のこの事実が判明したのは偶然であった。その経緯について、『日本経済新聞』の文化欄（二〇〇三年六月二三日）で久留米市教育委員会文化財保護課の堤諭吉氏が記述しているので、概略を紹介しよう。

平成八年にドイツのシーボルト博物館が「久留米、そして日本における捕虜収容所」という企画展を開催した際、市民図書館に照会があったが十分な回答ができなかった。地元のできごとなのに何も知らないままでいいのか、ということで久留米での企画展の計画が持ち上がり調査を始めた。その成果をもとに平成一五年、市役所ホールで「ドイツ人俘虜と久留米」という企画展を開いたところ、手がかりが広がりはじめ、収容所のなかに楽団があることがわかった。さらにパンフレットの演奏記録から、驚くことに大正七（一九一八）年七月九日、収容所内でベートーヴェンの第九が演奏され、翌年の一二月三日には久留米高女からの招待で塀の外での演奏が初めて実現した。

高女の演奏会に出演した下士官エルンスト・クルーゲの日記三冊が子息から久留米に寄贈

され、「とにかく一曲ごとに、割れるような、しかし統制された拍手が起こった」など、当日の様子が鮮明によみがえった……。

また、千葉県習志野市にも、収容所の音楽活動に関係のある話がある。市の教育委員会によると、一九一五年から一九年まで、東京・浅草の寺院収容所から移設された収容所が市の東部にあり、多いときで約千人いたという。ここでもドイツ兵の音楽活動が認められ、楽器をつくる工房やオーケストラが結成され、演奏会が開かれている。習志野収容所におけるドイツ兵の演奏曲目はいったいどのようなものだったのだろうか。他の収容所でも音楽活動があったとすれば、それはどのような内容であったのだろう。そこにはベートーヴェンの第九はなかったのかどうか、これらのことは今後も少しずつ解明が進んでいくことであろう。

その全体像が明らかにされるまでは、ベートーヴェンの第九が、たとえ男性だけの独唱・合唱であったとしても、第一楽章から第四楽章まですべて演奏されたのは板東俘虜収容所が初めてであった、としておいてよいのではないかと思う。鳴門市のドイツ館では、これを記念して毎年六月の第一日曜に第九が歌われている。

「カイノキを調べるように」といわれ調査してきたことを、畑知事へ一九八九（平成元）年五月に一時間ほどかけて報告した。知事には、終始にこやかに相槌を打ちながら聴いていただいた。

その後も折にふれ調べてきたカイノキのこと、さらに白沢保美博士や青島とのかかわりから本多静六博士とベートーヴェンの第九についても本章で述べてきたが、なお第九について補足をしておきたいことが二点ある。

ひとつは、第九の歌唱について。

あるきっかけから知事の畑さんに、誘いの声がかかった。埼玉県の県民の日（一一月一四日）に合唱団に入って歌ってみないかとの誘いである。知事は迷ったあげく受けることにしたが、第九についてはまったくの素人である。まずは歌詞とメロディーを覚えていただこうと音楽大学の専門家に特訓をお願いした。私もかたわらで一緒にドイツ・リート特有の巻き舌の発声指導を受け、おかげで諳んじて口ずさめるようになった。浦和の埼玉会館での当日、知事は燕尾服で登壇し朗々と歌いあげた。合唱団には万雷の拍手がおくられ、知事は満面に笑みをうかべていた。カイノキを調べはじめる前の一九八七（昭和六二）年のことである。

もうひとつは、第九の歌詞に関することである。

第九の歌は第四楽章の「歓喜に寄せて」（An die Freude）であり、ドイツの詩人Ｆ・シラーが作詞者であるが、これには原詩と改訂版の二通りがある。一七八五年に原詩がつくられ、一八〇三年にそれが書き直されている。一七八九年のフランス革命の前と後ということであり、革命に対するシラーの心境に変化があったとされている。第九では改訂版が取り入れられているが、このあたりの事情はどうなっているのか、またシラーとベートーヴェンにはＩ・カントの「永遠平和のために」が色濃く影響しているとの指摘もあるが、具体的にそれはどのようなことなのか、これらが課題として残されている。

カイノキとカイノキにまつわる調査には、まだ先がありそうである。

あとがき

本書のタイトルを何にするかいろいろ考えた。ご覧いただいたように内容が全体として特定のテーマのもとにあるわけでなく、明治期の啄木であったり現代のドイツであったりするからだ。そこで「私たちの教育紀行」と名づけ、「あちらこちら訪ね歩く教育論」というニュアンスの表題にした。

とはいっても、全体を通じる主題がないというのではない。筆者としては、

① 私たちの社会で教育はいまだ理不尽な状況におかれていること

② 教育を正当に評価する社会へ転換する必要があること

の二点を念頭においてまとめたつもりである。

教育は政治的にも経済的にも社会的にも、また行政や財政から見ても、まだまだ不当に扱われていると思っている。バブル経済が崩壊し、その後の「失われた一〇年」は「失われた二〇年」を過ぎ「三〇年」にはいったが、わが国はそれでもなお経済を最優先させる「企業国家」に固執している。これを、教育を大切にする社会、教育を優先させる社会へどのようにかえていくか、

そこに私たちの「もうひとつの道」がある。

それだけに「もうひとつの道」については、本文でも述べたようにさらにしっかり構想する必要があり、その関連で「教育と行財政」の問題についてもあらためてテーマとしなければならない。また「石川啄木という教師」のなかでふれたが、「作家藤沢周平の教育論」も私にとってどうしてもまとめてみたい課題であり、早晩、取り組まなければならないと思っている。

とまれ埼玉大学の四年間をもとに、このように一冊の本として出版できることになったのは、これまで叱咤いただいた埼玉県庁や教育にたずさわる友人たちのおかげであり、あらためて謝意を表したい。また、埼玉大学教育学部の教職員の皆様にはたいへんお世話になり、心からお礼を申しあげる。とくに教育学部美術教育講座の諸兄姉には言い尽せぬほどご交誼をいただいた。ここに深く感謝申しあげる次第である。

二〇一一年三月初め

稲葉　喜徳

稲葉　喜徳（いなば・よしのり）

1944年東京生まれ。

上智大学外国語学部ドイツ語学科卒・東京大学教育学部教育行政学科卒。

1970年に埼玉県庁入庁。地方課、人事委員会事務局、自治研修所、人事課等を経て、1992年秘書課長、1995年地域政策課長、1998年理事、2001年教育局管理部長、2002年から4年間埼玉県教育長をつとめ、2006年から埼玉大学教育学部教授、2010年退任。

私たちの教育紀行

2011年6月20日　初版第1刷発行

著者 ――― 稲葉喜徳
発行者 ―― 平田　勝
発行 ――― 花伝社
発売 ――― 共栄書房
〒101-0065　東京都千代田区西神田2-5-11出版輸送ビル2F
電話　　03-3263-3813
FAX　　03-3239-8272
E-mail　kadensha@muf.biglobe.ne.jp
URL　　http://kadensha.net
振替 ――― 00140-6-59661
装幀 ――― 澤井洋紀
印刷・製本 ― シナノ印刷株式会社

ISBN978-4-7634-0605-7 C0037